Korte Verhalen in het Lets

Korte verhalen in Lets voor beginners en gevorderden

Adrians Ozols

greenthumbpublishing@gmail.com

Inhoud

Inleiding

Lezen in een vreemde taal is een van de meest effectieve manieren om uw taalvaardigheid te verbeteren en uw woordenschat uit te breiden. Toch kan het soms moeilijk zijn om boeiend leesmateriaal op een geschikt niveau te vinden dat een gevoel van prestatie en vooruitgang geeft. De meeste boeken en artikelen die voor moedertaalsprekers zijn geschreven, kunnen te lang zijn en moeilijk te begrijpen, of kunnen een woordenschat op zeer hoog niveau hebben, zodat u zich overweldigd voelt en het opgeeft. Als deze problemen bekend klinken, dan is dit boek iets voor jou!

Korte Verhalen in het Lets is een verzameling van 25 onconventionele en onderhoudende korte verhalen die zijn ontworpen om beginnende tot gemiddeld niveau Lets lerenden te helpen hun taalvaardigheden te verbeteren.

Deze korte verhalen creëren een ondersteunende leesomgeving door het opnemen van:

- Rijke taalkundige inhoud in verschillende genres om u te vermaken en u bloot te stellen aan een verscheidenheid van woordvormen.
- Kortere verhalen in hoofdstukken om u de voldoening te geven verhalen af te maken en snel vooruitgang te boeken.
- Teksten die op uw niveau geschreven zijn, zodat ze gemakkelijker te begrijpen zijn en niet overweldigend.
- Nederlandse vertaling op wisselende pagina's, zodat u er regel voor regel direct naar kunt verwijzen terwijl u het Lets verhaal leest.
- De belangrijkste woordenschat staat vetgedrukt in

het hele verhaal en de vertaling, zodat u onbekende woorden gemakkelijker kunt begrijpen.
- Begrijpelijke vragen om uw begrip van belangrijke gebeurtenissen te testen en om u aan te moedigen meer in detail te lezen.

Dus of u nu uw woordenschat wilt uitbreiden, uw begrip wilt verbeteren of gewoon voor uw plezier wilt lezen, dit boek is de grootste stap voorwaarts die u dit jaar in uw studie zult maken. Korte Verhalen in het Lets geeft u alle steun die u nodig hebt, dus leun achterover, ontspan, en laat uw fantasie de vrije loop terwijl u wordt meegevoerd naar een magische wereld van avontuur, mysterie en intrige - in het Lets!

Hoe dit boek te gebruiken

Lezen is een moeilijk talent om onder de knie te krijgen. We gebruiken een reeks microvaardigheden om ons te helpen lezen in onze moedertaal. We kunnen bijvoorbeeld een passage doornemen om een globaal idee te krijgen van waar het over gaat. Of we kammen een groot aantal bladzijden van een treindienstregeling door op zoek naar een specifieke tijd of plaats. Terwijl deze microvaardigheden een tweede natuur zijn bij het lezen in onze moedertaal, blijkt uit onderzoek dat we de meeste ervan vaak vergeten bij het lezen in een vreemde taal. Wanneer we een vreemde taal leren, beginnen we gewoonlijk bij het begin van een tekst en werken we ons een weg door de tekst, waarbij we elk woord proberen te begrijpen. Onvermijdelijk komen we onbekende of ingewikkelde termen tegen en raken we geïrriteerd door ons onvermogen om ze te begrijpen.

Een van de grootste voordelen van het lezen in een vreemde taal is dat je wordt blootgesteld aan een groot aantal zinnen en uitdrukkingen die in alledaagse situaties worden gebruikt. Extensief lezen is een term die wordt gebruikt om het lezen voor plezier aan te duiden om een taal te leren. Het is niet zoals het lezen van een tekstboek, wanneer gesprekken of teksten zijn ontworpen om langzaam en zorgvuldig te worden gelezen met het doel om elk woord te begrijpen. “Intensief lezen” verwijst naar lezen dat wordt gedaan om specifieke leerdoelen te bereiken of taken te voltooien. Anders gezegd, intensief lezen in tekstboeken helpt meestal bij het leren van grammaticaregels en bepaalde woordenschat, maar extensief lezen van verhalen helpt bij het leren van natuurlijke taal.

Korte Verhalen in het Lets biedt u de mogelijkheid om meer te leren over natuurlijk Lets taalgebruik, ook al bent u uw taalleertocht misschien begonnen met uitsluitend tekstboeken. Hier zijn een paar tips om in gedachten te houden als u de verhalen in dit boek leest om er het meeste uit te halen: Als het op lezen aankomt, zijn plezier en een gevoel van vervulling van cruciaal belang. Je blijft terugkomen voor meer omdat je geniet van wat je aan het lezen bent. Elk verhaal van begin tot eind lezen is de beste methode om plezier te beleven aan het lezen van verhalen en je volbracht te voelen. Het belangrijkste is dan ook om het einde van een verhaal te halen. Dat is eigenlijk nog belangrijker dan elk woord te kennen.

Hoe meer je leest, hoe meer kennis je zult opdoen. U zult snel een kennis hebben van hoe Lets werkt als u grotere boeken leest voor uw plezier. Bedenk echter wel dat u, om ten volle van de voordelen van extensief lezen te kunnen profiteren, eerst een voldoende omvangrijk boek moet lezen. Door hier en daar een paar bladzijden te lezen leert u misschien een paar nieuwe woorden, maar het zal geen significant verschil maken in uw algehele niveau van Lets.

Accepteer dat je niet alles zult begrijpen van wat je in een roman leest. Dit is, zonder twijfel, het meest cruciale punt! Onthoud altijd dat het volkomen aanvaardbaar is dat u niet alle woorden of zinnen begrijpt. Het betekent niet dat je taalvaardigheden ontoereikend zijn of dat je slecht presteert. Het geeft aan dat u actief betrokken bent bij het leerproces.

Leesgids

Om het meeste uit het lezen van Korte Verhalen in het Lets te halen, kunt u het beste dit eenvoudige leesproces in zes stappen volgen voor elk hoofdstuk van de verhalen:

1. Lees de titel van het hoofdstuk. Denk na over waar het verhaal over zou kunnen gaan. Lees dan het verhaal helemaal door. Uw doel is gewoon het einde van het verhaal te bereiken. Stop daarom niet om woorden op te zoeken en maak u geen zorgen als er dingen zijn die u niet begrijpt. Probeer gewoon de plot te volgen.

2. Wanneer u het einde van het verhaal hebt bereikt, scant u de Nederlandse vertaling om te zien of u hebt begrepen wat er is gebeurd en pikt u alle context op die u misschien hebt gemist.

3. Ga terug en lees hetzelfde verhaal opnieuw. Als u wilt, kunt u zich meer op de details van het verhaal concentreren, maar anders leest u het gewoon nog een keer door.

4. Werk vervolgens door de begripsvragen in Lets om te controleren of u de belangrijkste gebeurtenissen in het verhaal begrijpt. Als u de vragen niet helemaal begrijpt, hoeft u zich geen zorgen te maken. Gebruik uw kennis om zo goed mogelijk te antwoorden.

5. Op dit punt moet u de belangrijkste gebeurtenissen van het hoofdstuk enigszins begrijpen. Als dat niet het geval is, kunt u het hoofdstuk een paar keer herlezen, waarbij u de vertaling gebruikt om onbekende woorden en zinnen te controleren, totdat u zich zeker voelt.

Zodra u klaar bent en zeker weet dat u begrijpt wat er is gebeurd - of dat nu na één lezing van het verhaal is of na meerdere - gaat u verder met het volgende verhaal en geniet u verder van het verhaal in uw eigen tempo, net zoals u van elk ander boek zou genieten.

Pas als u een verhaal in zijn geheel hebt uitgelezen, moet u overwegen terug te gaan en de verhaaltaal desgewenst verder uit te diepen. Of in plaats van u zorgen te maken of u alles begrijpt, de tijd te nemen om u te concentreren op alles wat u hebt begrepen en uzelf te feliciteren met alles wat u hebt gedaan.

Korte Verhalen

in het Lets

Adrians Ozols

Rīga

Rīga ir neliela pilsēta Latvijā. Tā atrodas pie Daugavas, un tajā **dzīvo** nedaudz vairāk par 700 000 **iedzīvotāju.** Pilsētā atrodas daudzi vēsturiski pieminekļi, tostarp Rīgas pils, Melngalvju nams un Svētā Pētera baznīca. Rīgā ir arī vairāki muzeji un mākslas galerijas. **Pilsēta ir** pazīstama ar savu rosīgo naktsdzīvi, kurā ir daudz bāru un klubu, kas apmeklētājus izklaidē līdz pat agrām rīta stundām. Dienas laikā šeit ir arī daudz restorānu un kafejnīcu**.** Rīga ir populārs tūristu galamērķis tiem, kas vēlas klātienē iepazīt Latvijas kultūru un vēsturi. Tā ir arī ideāla bāze, lai iepazītu citas Latvijas vietas vai pat aizbrauktu tālāk uz Igauniju vai Lietuvu. Rīgu 1201. gadā dibināja Rīgas bīskaps Alberts. Pilsēta strauji attīstījās 13. gadsimtā, un **gadsimta beigās** tā bija nozīmīga Hanzas savienības tirdzniecības pilsēta.

Rīgas zelta laikmets iestājās 15. un 16. gadsimtā, kad tā kļuva par vienu no **lielākajām** Ziemeļeiropas pilsētām. Šajā laikā tika uzceltas daudzas grandiozas ēkas, tostarp Rīgas pils, Svētā Pētera baznīca un vairākas ģildes. Diemžēl liela daļa šīs **arhitektūras** tika iznīcināta Otrā pasaules kara laikā, kad Rīgu spēcīgi bombardēja gan vācu, gan padomju spēki. Neraugoties uz tās vētraino vēsturi, Rīga ir plaukstoša pilsēta, kurā ir daudz ko redzēt un darīt apmeklētājiem no visas pasaules. Apmeklējot Rīgu, noteikti apskatiet Vecrīgu.

Riga

Riga is een kleine stad in Letland. De stad ligt aan de rivier de Daugava en **telt** iets meer dan 700.000 inwoners. De stad heeft veel historische bezienswaardigheden, waaronder het kasteel van Riga, het Huis van de Zwartkoppen en de Sint-Pieterskerk. Er zijn ook verschillende musea en kunstgalerijen in Riga. De **stad staat bekend** om haar bruisende nachtleven, met tal van bars en clubs om bezoekers tot in de vroege uurtjes te vermaken. Er zijn ook talrijke restaurants en cafés om overdag **van te genieten**. Riga is een populaire toeristische bestemming voor diegenen die de Letse cultuur en geschiedenis uit de eerste hand willen ervaren. Het is ook een ideale uitvalsbasis om andere delen van Letland te verkennen of zelfs verder weg te trekken naar Estland of Litouwen. Riga werd in 1201 gesticht door bisschop Albert van Riga. De stad groeide snel tijdens de 13e eeuw, en tegen het einde van de **eeuw** was het een belangrijke handelsstad in het Hanzeverbond.

Riga beleefde zijn bloeiperiode in de 15e en 16e eeuw, toen het een van de **grootste** steden van Noord-Europa werd. In deze periode werden vele grootse gebouwen gebouwd, waaronder het kasteel van Riga, de Sint-Pieterskerk en verschillende gildenhuizen. Helaas werd veel van deze **architectuur verwoest**

Tas ir pilsētas vēsturiskais **centrs, un tajā atradīsiet** lielāko daļu nozīmīgāko apskates objektu. Savu apskati sāciet Rīgas pilī, kuras pirmsākumi meklējami 13. gadsimtā. No šejienes dodieties uz Svētā Pētera baznīcu, kas ir viena no vecākajām baznīcām Latvijā. Pēc tam dodieties uz Alberta ielu, lai apskatītu dažas no skaisti **restaurētajām** Rīgas Hanzas laika ģildēm. Ja jūs interesē māksla un kultūra, noteikti apmeklējiet vienu vai vairākus no daudzajiem Rīgas **muzejiem** un galerijām.

Latvijas Nacionālais mākslas muzejs ir labs sākums, kam seko Dekoratīvās mākslas un dizaina muzejs. Lai iepazītos ar Latvijas tumšo 20. gadsimta vēsturi padomju varas laikā, apmeklējiet KGB cietumu muzeju vai Okupācijas muzeju. Neviens ceļojums uz Rīgu nebūtu **pilnīgs, ja** neizmēģinātu kādu no vietējiem ēdieniem un dzērieniem. Šeit ir daudz restorānu un kafejnīcu, kurās var izvēlēties no tradicionālajiem latviešu ēdieniem līdz pat starptautiskajai virtuvei.

tijdens de Tweede Wereldoorlog, toen Riga zwaar werd gebombardeerd door zowel Duitse als Sovjet-troepen. Ondanks haar turbulente geschiedenis is Riga een bloeiende stad waar veel te zien en te doen is voor bezoekers van over de hele wereld. Als je Riga bezoekt, moet je zeker de oude stad verkennen. Dit is het historische **centrum** van de stad en hier vind je de meeste van de belangrijkste bezienswaardigheden. Begin je sightseeing bij het kasteel van Riga, dat dateert uit de 13e eeuw. Wandel van hier naar de Sint-Pieterskerk, een van de oudste kerken van Letland. Ga dan naar Alberta iela (Albertstraat) om enkele van de prachtig **gerestaureerde** gildehuizen uit de tijd van Riga's Hanze te bekijken. Als je geïnteresseerd bent in kunst en cultuur, breng dan zeker een bezoek aan een of meer van Riga's vele **musea** en galerieën.

Het Letse Nationale Kunstmuseum is een goede **plek** om te beginnen, gevolgd door het Museum voor decoratieve kunsten en design. Voor iets anders ga je naar het KGB-gevangenismuseum of het bezettingsmuseum, waar je meer te weten komt over de donkere 20e-eeuwse geschiedenis van Letland onder het Sovjetbewind. Een bezoek aan Riga is niet **compleet** zonder te proeven van het plaatselijke eten en drinken. Er zijn tal van restaurants en cafés om uit te kiezen, die alles serveren van traditionele Letse gerechten tot internationale gerechten.

Izpratnes jautājumi

1. Kāds ir Rīgas iedzīvotāju skaits?

2. Ar ko ir pazīstama šī pilsēta?

3. Kādi apskates objekti atrodas Rīgā?

4. Kad tika dibināta pilsēta?

5. Kāds bija pilsētas zelta laikmets?

6. Kas iznīcināja lielāko daļu pilsētas arhitektūras?

7. Kas ir vecpilsēta?

8. Kas ir Rīgas pils?

9. Kas ir Latvijas Nacionālais mākslas muzejs?

10. Kas ir "melnā balzama" kokteilis?

Begrip vragen

1. Wat is de bevolking van Riga?

2. Waar staat de stad bekend om?

3. Welke bezienswaardigheden zijn er in Riga?

4. Wanneer werd de stad gesticht?

5. Wat was de gouden eeuw van de stad?

6. Wat heeft veel van de architectuur van de stad verwoest?

7. Wat is de Oude Stad?

8. Wat is het kasteel van Riga?

9. Wat is het Lets Nationaal Kunstmuseum?

10. Wat is een “zwarte balsem” cocktail?

Ledus hokejs

Bija auksta ziemas diena, un slidotava bija pilna ar cilvēkiem, kas slidinājās un spēlēja hokeju. Gaisu piepildīja slidas, kas skrāpēja pret ledu, un nūjas, kas trāpīja ar ripām. Pie viena no vārtiem bija sapulcējusies draugu grupa, kas smējās un jokoja, spēlējot hokeja spēli. Viens no viņiem, garš zēns ar **platiem** pleciem, izdarīja īpaši iespaidīgu metienu, raidot ripu vārtu augšējā stūrī. Viņa draugi uzmundrināja un uzmundrināja viņu, kad viņš, smaidīdams no ausīm līdz ausīm, **slidojis** atgriezās pie viņiem. Bet tad notika kaut kas dīvains. Kad viņš pietuvojās draugiem, viņi visi pēkšņi sastinga uz vietas kā statujas. Viņš apstājās, apjucis un **noraizējies par to**, kas to varēja izraisīt. Tad viņš pamanīja, ka viņu visu acis bija pievērstas kaut kam aiz viņa. Viņš lēnām pagriezās, un, ieraugot, uz ko viņi skatās, viņam sāpēja **sirds.** Otrpus slidotavai aplī stāvēja grupa tumšos uzvalkos tērptu vīriešu, kuru sejas slēpa ēnas. Apļa vidū atradās liela kaste ar tajā iegravētiem dīvainiem simboliem. Vīri runāja klusinātos toņos, bet viņš nespēja saprast, ko viņi runā. Viņš zināja, ka viņam vajadzētu novērsties un doties atpakaļ pie draugiem, taču kaut kas šajā ainā bija tik intriģējošs, ka viņš tā vietā **devās** tās virzienā.

Tuvojoties tuvāk, viņš dzirdēja sarunu fragmentus:"... jābūt uzmanīgiem... ļoti spēcīgi...""... neesmu

Ijshockey

Het was een koude winterdag en de ijsbaan was druk bezet met mensen die schaatsten en ijshockey speelden. De lucht was gevuld met het geluid van schaatsen die tegen het ijs schraapten en stokken die tegen pucks sloegen. Een groep vrienden stond rond een van de netten, te lachen en grapjes te maken terwijl ze een spelletje pick-up hockey speelden. Een van hen, een lange jongen met **brede** schouders, maakte een bijzonder indrukwekkend schot, waardoor de puck in de bovenhoek van het net vloog. Zijn vrienden juichten en gaven hem een high-five toen hij grijnzend van oor tot oor naar hen **terugschaatste**. Maar toen gebeurde er iets vreemds. Toen hij dichter bij zijn vrienden kwam, verstijfden ze plotseling, als standbeelden. Hij stopte even, verward en **bezorgd** over wat dit veroorzaakt kon hebben. Toen merkte hij dat hun ogen allemaal gericht waren op iets achter hem. Hij draaide zich langzaam om, en zijn **hart** zonk toen hij zag waar ze naar keken. Aan de andere kant van de ijsbaan stond een groep mannen in donkere pakken in een cirkel, hun gezichten verborgen door schaduwen. In het midden van de cirkel stond een grote kist met vreemde symbolen erin geëtst. De mannen spraken op gedempte toon, maar hij kon niet verstaan wat ze zeiden. Hij wist dat hij zich moest omdraaien en terug naar zijn vrienden moest skaten, maar iets aan het tafereel was zo intrigerend dat hij er

pārliecināts, vai mēs to spēsim savaldīt...” Viņš jau grasījās pajautāt, par ko viņi runā, kad viens no vīriešiem pamanīja viņu un draudīgi pakāpās uz priekšu. “Kas jūs esat? Ko jūs šeit darāt? “ Vīrieša **balss** bija dziļa un draudīga. Zēns atkāpās soli atpakaļ, pēkšņi sajūtot bailes. Viņš nezināja, kā atbildēt uz šiem jautājumiem godīgi, nenokļūstot nepatikšanās, tāpēc nolēma tā vietā melot. “Es... es... es tikai slidoju apkārt,” viņš nervozi aizsmiedzās. “Ārā ir pārāk **auksti,** lai to darītu,” vīrietis skeptiski sacīja. “Mana mamma man tik un tā lika iet ārā,” zēns atkal melojis. “Un kur tagad ir tava mamma?” “Viņa ir mājās.” “Saprotu... tad iesaku arī tev doties mājās.” “O... labi.” Zēns ātri pagriezās un sāka slidot izejas virzienā tik ātri, cik vien spēja, neapgāžoties. “Kas tiem puišiem bija tajā **kastē?**” viņš ziņkārīgi domāja pie sevis, izejot no slidotavas. “Izskatījās, ka viņi kaut kā no tās **baidījās.**

in plaats daarvan naartoe liep.

Toen hij dichterbij kwam, kon hij flarden van gesprekken horen:"... moet voorzichtig zijn... zeer krachtig...""... niet zeker of we het kunnen bedwingen..." Hij wilde net vragen waar ze het over hadden toen een van de mannen hem opmerkte en dreigend naar voren stapte. "Wie bent u? Wat doen jullie hier? "De **stem** van de man was diep en dreigend. De jongen deed een stap achteruit, voelde zich plotseling bang. Hij wist niet hoe hij deze vragen naar waarheid moest beantwoorden zonder in de problemen te komen, dus besloot hij maar te liegen. "Ik schaats gewoon wat rond," stamelde hij nerveus. "Daar is het buiten te **koud** voor," zei de man sceptisch. "Ik moest van mijn moeder toch naar buiten," loog de jongen opnieuw. "En waar is je moeder nu?" "Ze is thuis." "Ik begrijp het... nou dan stel ik voor dat jij ook naar huis gaat." "De jongen draaide zich snel om en begon zo snel als hij kon naar de uitgang te schaatsen zonder om te vallen. "Wat hadden die kerels in die **doos**?" dacht hij nieuwsgierig bij zichzelf terwijl hij de ijsbaan verliet. Het leek alsof ze er op de een of andere manier bang voor waren.

Izpratnes jautājumi

1. Ko dara galvenais varonis, kad viņš redz savus draugus sastingušus uz vietas?

2. Par ko runā vīrieši uzvalkos?

3. Ko dara galvenais varonis, kad viņu noķer vīri uzvalkos?

4. Kas ir kastē?

5. Kāda ir galvenā varoņa reakcija, ieraugot, kas atrodas kastē?

6. Kur ir vīrieši uzvalkos, kad galvenais varonis vēlāk atgriežas slidotavā?

7. Ko dara galvenais varonis, kad viņš redz, ka vīrieši ir aizgājuši?

8. Kas ir rakstīts kastē?

9. Kāda ir galvenā varoņa reakcija, ieraugot rakstīto kastē?

10. Ko galvenais varonis domā par to, ko viņš redzēja slidotavā?

Begrip vragen

1. Wat doet de hoofdpersoon als hij zijn vrienden vast ziet zitten?

2. Waar hebben de mannen in pak het over?

3. Wat doet de hoofdpersoon als hij betrapt wordt door de mannen in pak?

4. Wat zit er in de kist?

5. Wat is de reactie van de hoofdpersoon als hij ziet wat er in de kist zit?

6. Waar zijn de mannen in pak als de hoofdpersoon later terugkomt op de ijsbaan?

7. Wat doet de hoofdpersoon als hij ziet dat de mannen weg zijn?

8. Wat staat er in de kist?

9. Wat is de reactie van de hoofdpersoon op het zien van het geschrift in de kist?

10. Wat vindt de hoofdpersoon van wat hij op de ijsbaan heeft gezien?

Jūrkalnes pludmale

Saule rietēja virs Baltijas jūras, izkrāsojot debesis **skaistā** oranžā krāsā. Viļņi dauzījās pret krastu, un smiltis bija vēsas un mīkstas. Jūrkalnes pludmale bija viena no viņas iecienītākajām vietām Latvijā. Tā bija tik **mierīga** un nomierinoša, un, šeit ierodoties, viņa vienmēr jutās labi. Viņa staigāja basām kājām gar ūdens malu, ļaujoties viļņu šalkoņam, kas apskaloja viņas kājas. Viņa dziļi ieelpoja, piepildot plaušas ar svaigu jūras gaisu. Tas smaržoja sāļi un tīri, kā **brīvība**. Viņa aizvēra acis un ilgi nopūtās no apmierinājuma. Šī bija viņas laimīgā vieta; vieta, kur viņa varēja aizmirst par visām problēmām mājās un vienkārši būt **pati par sevi**.

Neviens viņu šeit nesodīja, nevienu neinteresēja, kas viņa ir un ar ko viņa pelna iztiku. Viņus interesēja tikai tas, ka viņa bauda prieku, apmeklējot viņu valsts skaistās **pludmales**. Un tieši to viņa šodien plānoja darīt - atpūsties un izbaudīt! Viņa kādu brīdi pastaigājās, vērojot pludmales skatus un skaņas. Kaiju čalošana virs galvas nomierināja, un viņa pasmaidīja, vērojot, kā tās graciozi lido gaisā. Viņi izskatījās tik brīvi... gluži tāpat kā viņa jutās šeit. **Beidzot** viņa apstājās pie klintīm pludmales malā. Viņa apsēdās un ļāva kājām pakustēties virs ūdens. Viņa iegremdēja kājas pirkstus,

Jurkalne strand

De zon ging onder boven de Baltische Zee en wierp een **prachtige** oranje gloed over de hemel. De golven beukten tegen de kust en het zand was koel en zacht. Het strand van Jurkalne was een van haar favoriete plekken in Letland. Het was zo **vredig** en rustgevend, en ze voelde zich altijd op haar gemak als ze hier kwam. Ze liep op blote voeten langs de waterkant en liet de golven over haar voeten spoelen. Ze ademde diep in en vulde haar longen met frisse zeelucht. Het rook zout en schoon, naar **vrijheid**. Ze sloot haar ogen en slaakte een lange zucht van tevredenheid. Dit was haar gelukkige plek; een plek waar ze al haar problemen thuis kon vergeten en gewoon **zichzelf** kon zijn.

Niemand veroordeelde haar hier; niemand gaf erom wie ze was of wat ze voor de kost deed. Ze gaven er alleen om dat ze zich vermaakte terwijl ze de prachtige **stranden** van hun land bezocht. En dat was precies wat ze vandaag van plan was te doen: zich ontspannen en genieten! Ze liep een tijdje en nam de beelden en geluiden van het strand in zich op. Het geluid van de kwetterende meeuwen was rustgevend, en ze glimlachte toen ze hen sierlijk door de lucht zag vliegen. Ze zagen er zo vrij uit... net zoals zij zich hier

ķiķinādama, kad aukstais ūdens tos glāstīja. Bija patīkami vienkārši sēdēt šeit un nedarīt neko citu, kā vien baudīt apkārt esošo dabas **skaistumu.** Viņa droši vien bija aizmigusi, jo, kad atkal atvēra acis, ārā jau bija **satumsis**.

Saule jau sen bija norietējusi, atstājot tikai **vāju** mirdzumu pie apvāršņa. Jūrkalnes pludmale tagad bija tukša; visi, izņemot viņu, bija devušies mājās uz nakti. Bet tas nekas, viņai tik un tā patika, ka viss bija tikai viņas ziņā! **Mēness gaisma** spilgti apspīdēja ūdeni zem ūdens, padarot to līdzīgu sudraba spogulim, kas atspīdēja viņai zem zvaigžņotajām debesīm virs galvas. Tā bija tik mierīgi sēdēt šeit vienai, viņa domāja sev. Pēkšņi viņa izdzirdēja pēdas aiz sevis un **kādu, kas** klusi sauca viņas vārdu: "Lena!". Viņa ātri pagriezās, bet tur neviena nebija. Viņu atkal sagaidīja tikai klusums . Nedaudz trīcēdama no bailēm vai **varbūt no** uztraukuma - viņa nebija pārliecināta, kas no tā - Lena lēnām piecēlās un sāka iet virzienā, no kurienes atskanēja **balss.**

voelde. **Uiteindelijk** kwam ze tot stilstand bij een paar rotsen aan de rand van het strand. Ze ging zitten en liet haar voeten over het water bungelen. Ze doopte haar tenen erin en giechelde toen het koude water hen kietelde. Het voelde goed om hier gewoon te zitten en niets anders te doen dan genieten van de **schoonheid** van de natuur om ons heen. Ze moet in slaap zijn gedommeld, want toen ze haar ogen weer opende, werd het al **donker**.

De zon was al lang onder en liet slechts een **vage** gloed achter aan de horizon. Het strand van Jurkalne was nu verlaten; iedereen was naar huis gegaan voor de nacht, behalve zij. Maar dat was niet erg; ze had het toch graag helemaal voor zichzelf! Het **maanlicht scheen** helder op het water beneden, waardoor het leek op een zilveren spiegel die naar haar weerkaatste onder de sterrenhemel boven haar. Het was zo vredig om hier alleen te zitten, dacht ze bij zichzelf. Plotseling hoorde ze voetstappen achter zich en **iemand** die zacht haar naam riep, “Lena!”. Ze draaide zich snel om, maar er was niemand. Enkel stilte begroette haar opnieuw. Lichtjes trillend van angst of opwinding - ze wist niet zeker van wie - stond Lena langzaam op en begon naar de plek te lopen waar de **stem** vandaan was gekomen.

Izpratnes jautājumi

1. Ko galvenais varonis dara pludmalē?

2. Ko galvenais varonis domā par kaijām?

3. Ko varonis domā par viļņu skaņām?

4. Kur galvenais varonis dodas pēc sēdēšanas pie klintīm?

5. Ko galvenais varonis domā par ūdeni?

6. Ko galvenais varonis domā par debesīm?

7. Ko galvenais varonis domā par smiltīm?

8. Ko galvenais varonis domā par cilvēkiem pludmalē?

9. Ko galvenā varone domā par savu laimīgo vietu?

10. Par ko domā galvenā varone, kad viņa dzird soļus un kādu, kas viņu sauc vārdā?

Begrip vragen

1. Wat doet de hoofdpersoon op het strand?

2. Wat denkt de hoofdpersoon over de meeuwen?

3. Wat vindt de hoofdpersoon van het geluid van de golven?

4. Waar gaat de hoofdpersoon heen nadat hij bij de rotsen heeft gezeten?

5. Wat vindt de hoofdpersoon van het water?

6. Wat vindt de hoofdpersoon van de hemel?

7. Wat vindt de hoofdpersoon van het zand?

8. Wat denkt de hoofdpersoon over de mensen op het strand?

9. Wat vindt de hoofdpersoon van haar gelukkige plek?

10. Waar denkt de hoofdpersoon aan als ze voetstappen hoort en iemand haar naam roept?

Rudzu maize

Pirmo reizi rudzu maizi es ēdu pie vecmāmiņas. Viņa vienmēr gatavoja vislabākos ēdienus, un viņas rupjmaize nebija **izņēmums**. Maizes garoza bija perfekti kraukšķīga, bet iekšpuse mīksta un pūkaina. Tā garšoja kā debesu gabaliņš. Kopš tā laika esmu apsēsta ar rudzu maizi. Man patīk izmēģināt dažādas **receptes** un eksperimentēt ar dažādām garšām. Es pat esmu sākusi pati gatavot rauga ieraugu, lai ceptu savu amatniecisko maizi. Ir kaut kas tāds, kas mani dziļi uzrunā ar rudzu **garšu.** Tā ir zemnieciska un nedaudz salda, bet tai ir arī nedaudz pikanta garša fermentācijas procesa rezultātā. Tai vienkārši **nevar pretoties**.

Tagad es nevaru iedomāties dzīvi bez rudzu maizes - tā ir kļuvusi par **neatņemamu** manas personības sastāvdaļu. Kad man jautā, kas ir mans mīļākais ēdiens, es nešaubos: tā noteikti ir rudzu maize! Rudzu maize ir kļuvusi par manas diētas **pamatu,** un es nevaru iedomāties dzīvi bez tās. Es to ēdu brokastīs, pusdienās un vakariņās - dažkārt pat kā uzkodu. Tā ir tik daudzpusīga un garšīga. Man patīk izmēģināt jaunas receptes ar rudzu maizi, un iespējas ir bezgalīgas. Atkarībā no **noskaņojuma** var pagatavot saldus vai sāļus ēdienus. Un, ja jūtaties patiešām drosmīgi, ar to var pat cept! Rudzu maizes garša ir kaut kas tāds, kas mani dziļi uzrunā. Tā ir zemes garša un nedaudz

Roggebrood

De eerste keer dat ik roggebrood at, was bij mijn grootmoeder thuis. Ze maakte altijd het beste eten, en haar roggebrood was geen **uitzondering**. De korst was perfect knapperig, en de binnenkant was zacht en luchtig. Het smaakte als een stukje hemel. Sindsdien ben ik geobsedeerd door roggebrood. Ik probeer graag verschillende **recepten uit** en experimenteer met verschillende smaken. Ik ben zelfs begonnen met het maken van mijn eigen zuurdesem starter om mijn eigen ambachtelijke broden te maken. Er is iets met de **smaak** van rogge dat me aanspreekt op een diep niveau. Het is aards en lichtjes zoet, maar heeft ook een beetje een tinteling door het gistingsproces. Het is gewoon **onweerstaanbaar**.

Ik kan me nu geen leven zonder roggebrood meer voorstellen - het is zo'n **wezenlijk** deel geworden van wie ik als persoon ben. Wanneer iemand me vraagt wat mijn lievelingseten is, aarzel ik niet: het is beslist roggebrood! Roggebrood is een **hoofdbestanddeel** van mijn dieet geworden, en ik kan me geen leven zonder roggebrood voorstellen. Ik eet het als ontbijt, lunch en avondeten - soms zelfs als tussendoortje. Het is gewoon zo veelzijdig en heerlijk. Ik probeer graag nieuwe recepten uit met roggebrood, en er zijn eindeloos veel mogelijkheden. Je kunt er zoete

salda, bet tai ir arī nedaudz pikanta garša fermentācijas procesa rezultātā. Tai vienkārši **nevar pretoties**. Tagad es nevaru iedomāties dzīvi bez rudzu maizes - tā ir kļuvusi par neatņemamu manas **personības sastāvdaļu**.

Nezinu, kas tas ir ar rudzu maizi, bet man tās vienkārši nepietiek. Tā ir kļuvusi par manas diētas pamatu, un es to ēdu katru dienu. **Brokastīs**, pusdienās, vakariņās - dažreiz pat kā uzkodu. Man patīk izmēģināt jaunas receptes ar rudzu maizi, un tās ir bezgalīgi daudz. Atkarībā no noskaņojuma var pagatavot saldus vai **sāļus** ēdienus. Un, ja jūtaties patiešām drosmīgi, ar to var pat cept! Rudzu maizes garša ir kaut kas tāds, kas mani dziļi uzrunā. Tā ir zemes garša un nedaudz **salda,** bet tai ir arī nedaudz pikanta garša **fermentācijas** procesa rezultātā. Tai vienkārši nevar pretoties. Rudzu maize ir viena no manām mīļākajām lietām pasaulē - es varētu ēst to visu dienu! Par laimi man (un manai vidukļa līnijai), ir tik daudz dažādu veidu, kā izbaudīt šo garšīgo ēdienu.

of hartige gerechten mee maken, afhankelijk van je **stemming**. En als je echt avontuurlijk bent, kun je er zelfs mee bakken! Er is iets met de smaak van rogge dat me aanspreekt op een diep niveau. Het is aards en lichtjes zoet, maar heeft ook een beetje een tinteling door het gistingsproces. Het is gewoon **onweerstaanbaar**. Ik kan me nu geen leven zonder roggebrood meer voorstellen - het is zo'n wezenlijk deel geworden van wie ik als **persoon** ben.

Ik weet niet wat het is met roggebrood, maar ik kan er niet genoeg van krijgen. Het is een hoofdbestanddeel van mijn dieet geworden, en ik eet het elke dag. **Ontbijt**, lunch, avondeten, soms zelfs als tussendoortje. Ik probeer graag nieuwe recepten uit met roggebrood, en er zijn eindeloos veel mogelijkheden. Je kunt er zoete of **hartige** gerechten mee maken, afhankelijk van je stemming. En als je echt avontuurlijk bent, kun je er zelfs mee bakken! Er is iets met de smaak van rogge dat me aanspreekt op een diep niveau. Het is aards en lichtjes **zoet**, maar heeft ook een beetje een tinteling door het gistingsproces. Het is gewoon onweerstaanbaar. Roggebrood is een van mijn favoriete dingen ter wereld - ik zou het de hele dag door kunnen eten! Gelukkig voor mij (en mijn taille) zijn er zo veel verschillende manieren om van dit heerlijke voedingsmiddel te genieten.

Izpratnes jautājumi

1. Kāda bija pirmā reize, kad galvenais varonis ēda rudzu maizi?

2. Kur galvenais varonis pirmo reizi ēda rudzu maizi?

3. Kāpēc galvenā varoņa vecmāmiņas mājās rupjmaize ir vislabākā?

4. Kāda ir rudzu maizes garša?

5. Kāda ir galvenā varoņa apsēstība kopš brīža, kad viņš pirmo reizi ēda rudzu maizi?

6. Kas galvenajam varonim patīk rudzu maizes garšā?

7. Kas ir kļuvis par galveno varoņa uztura sastāvdaļu?

8. Cik bieži galvenais varonis ēd rupjmaizi?

9. Kādi ir daži no dažādajiem veidiem, kā varonis bauda rupjmaizi?

10. Kāpēc rudzu maize ir viena no galvenā varoņa mīļākajām lietām pasaulē?

Begrip vragen

1. Wat was de eerste keer dat de hoofdpersoon roggebrood at?

2. Waar was de eerste keer dat de hoofdpersoon roggebrood at?

3. Waarom is het roggebrood bij de grootmoeder van de hoofdpersoon het lekkerst?

4. Hoe smaakt het roggebrood?

5. Sinds de eerste keer dat de hoofdpersoon roggebrood at, wat is zijn obsessie geweest?

6. Wat vindt de hoofdpersoon zo lekker aan de smaak van roggebrood?

7. Wat is een hoofdbestanddeel van het dieet van de hoofdpersoon geworden?

8. Hoe vaak eet de hoofdpersoon roggebrood?

9. Wat zijn enkele van de verschillende manieren waarop de hoofdpersoon van roggebrood geniet?

10. Waarom is roggebrood een van de favoriete dingen van de hoofdpersoon in de wereld?

Ziemassvētku eglītes

Ziemassvētku eglīte bija skaists skats. Tā bija noklāta ar **gaismiņām** un rotājumiem, un tā padarīja visu istabu svinīgu. Taču šajā eglītē bija kaut kas atšķirīgs. Tā bija ne tikai tā, kā tā izskatījās, bet arī tā, kā tā jutās. Tā šķita maģiska. Tiklīdz viņi ienāca istabā, viņi saprata, ka šogad Ziemassvētku eglīte ir kaut kas **citādāka.** Tā ne tikai izskatījās skaistāka nekā jebkad agrāk; tā bija īpaša. Viņi nevarēja izskaidrot, kāpēc, bet abi zināja, ka šī gada eglīte būs **īpaša**. Kad viņi sāka rotāt eglīti, viņus pārņēma satraukums un nepacietība. Viņi zināja, ka šogad notiks kaut kas **maģisks.** Un, kad viņi pabeidza likt pēdējo rotājumu, viņi dzirdēja **klusu** balsi: "Paldies."

Viņi pārsteigti paskatījās viens uz otru; bija skaidrs, ka balss nāk no eglītes. Viņi nevarēja tam **noticēt!** Tā patiešām bija maģija. Dažas nākamās dienas pagāja satraukuma pilnā miglā. Visa māja bija piepildīta ar Ziemassvētku garu, un tas viss, pateicoties **maģiskajai** eglītei. Viņi nevarēja noticēt, cik ļoti viņiem paveicās, ka viņiem ir tik īpaša eglīte. Ziemassvētku vakarā viņi devās gulēt, jūtoties laimīgi un apmierināti. Viņi zināja, ka Ziemassvētku vecītis drīz nāks, bet viņi arī zināja, ka īstā Ziemassvētku **burvība** ir tieši viņu pašu viesistabā. Nākamajā rītā viņi pamodās un ieraudzīja

Kerstbomen

De kerstboom was een prachtig gezicht. Hij was bedekt met **lichtjes** en versieringen, en de hele kamer zag er feestelijk uit. Maar er was iets anders aan deze boom. Het was niet alleen de manier waarop hij eruit zag, het was de manier waarop hij aanvoelde. Het voelde als magie. Zodra ze de kamer binnenkwamen, wisten ze dat er iets **anders** was aan de kerstboom van dit jaar. Het was niet alleen dat hij er mooier uitzag dan ooit tevoren; hij voelde speciaal. Ze konden niet uitleggen waarom, maar ze wisten allebei dat de boom van dit jaar extra **speciaal** zou zijn. Terwijl ze de boom begonnen te versieren, voelden ze een gevoel van opwinding en anticipatie. Ze wisten dat er dit jaar iets **magisch zou** gebeuren. En toen ze klaar waren met het ophangen van de laatste versiering, hoorden ze een **zachte** stem zeggen: “Dank je wel.”

Ze keken elkaar verbaasd aan; het was duidelijk dat de stem uit de kerstboom was gekomen. Ze konden het niet **geloven**! Het was echt magie. De volgende dagen waren een waas van opwinding. Het hele huis was gevuld met de geest van Kerstmis, en dat was allemaal te danken aan de **magische** boom. Ze konden niet geloven hoeveel geluk ze hadden met zo’n speciale

pārsteidzošāko skatu. Visa istaba bija piepildīta ar dāvanām, un eglīti ieskaujēja skaists mirdzums. Viņi zināja, ka šie Ziemassvētki viņiem paliks **atmiņā uz** visiem laikiem. Paldies, ka izvēlējāties mūsu eglīti; tā patiešām ir **maģiska**.

Ziemassvētku rītā, sēžot ap eglīti, atverot dāvanas un baudot viens otra **sabiedrību,** viņi zināja, ka šie ir labākie Ziemassvētki. Viņiem bija tik ļoti paveicies, ka viņi bija atraduši tik īpašu eglīti. Tā bija padarījusi visu viņu svētku sezonu **perfektu**. Skatoties uz eglīti, viņi jutās pateicīgi par burvību, ko tā bija ienesusi viņu dzīvē. Viņi zināja, ka tā paliks viņu ģimenē uz **visiem laikiem**. Paldies, Ziemassvētku eglīte, ka padarīji mūsu brīvdienu sezonu tik īpašu. Mēs vienmēr atcerēsimies tevi un tavas maģiskās **spējas**.

boom. Op kerstavond gingen ze blij en tevreden naar bed. Ze wisten dat de Kerstman snel zou komen, maar ze wisten ook dat de echte **magie** van Kerstmis zich in hun eigen woonkamer bevond. De volgende ochtend werden ze wakker met een **verbazingwekkend** tafereel. De hele kamer was gevuld met cadeautjes, en de boom was omgeven door een prachtige gloed. Ze wisten dat deze kerstmis hen altijd zou **bijblijven**. Dank u voor het kiezen van onze boom; hij is werkelijk **magisch**.

Toen ze op kerstochtend rond de boom zaten, cadeautjes openden en van elkaars **gezelschap genoten**, wisten ze dat dit de beste kerst ooit was. Ze hadden zo'n geluk dat ze zo'n speciale boom hadden gevonden. Het had hun hele feestdagen **perfect** gemaakt. Terwijl ze naar de boom keken, voelden ze zich dankbaar voor de magie die hij in hun leven had gebracht. Ze wisten dat hij **voor altijd** een deel van hun familie zou blijven. Dank je wel, kerstboom, dat je onze feestdagen zo speciaal hebt gemaakt. We zullen je altijd herinneren en je magische **krachten**.

Izpratnes jautājumi

1. Kas bija atšķirīgs šī gada Ziemassvētku eglītē?

2. Kā dekorētāji jutās, kad rotāja eglīti?

3. Kāpēc šis koks bija īpašs?

4. Ko viņi dzirdēja sakām koku?

5. Kā eglīte padarīja svētku sezonu perfektu?

6. Par ko ģimene jutās pateicīga?

7. Vai viņi vienmēr atcerēsies koku?

8. Kā koks ienesa burvību ģimenes dzīvē?

9. Ko ģimene nekad neaizmirsīs par koku?

10. Kas padarīja koku tik unikālu?

Begrip vragen

1. Wat was er anders aan de kerstboom van dit jaar?

2. Hoe liet de boom de versierders voelen?

3. Waarom was de boom extra speciaal?

4. Wat hoorden ze de boom zeggen?

5. Hoe heeft de boom de feestdagen perfect gemaakt?

6. Waar was de familie dankbaar voor?

7. Zullen ze zich de boom altijd herinneren?

8. Hoe bracht de boom magie in het leven van de familie?

9. Wat zou de familie nooit vergeten van de boom?

10. Wat maakte de boom zo uniek?

Venta Rumba

Saule rietēja virs Ventas rumba, **ūdenskrituma** Latvijā. Ūdens mirdzēja pēdējos saules staros, un gaisu piepildīja ūdens šalkoņa. Tā bija mierīga vieta, un uz mirkli šķita, ka laiks ir apstājies. Pēkšņi atskanēja skaļš šļakats, kad kaut kas iekrita ūdenī. No dzīlēm, elpojot un elpojot, iznirusi jauna sieviete. Viņa bija **peldējusi** augšpus straumes un nonākusi pārāk tuvu ūdenskritumam. Tagad viņa turējās pie akmens, cenšoties atvilkt elpu, pirms spēcīgā straume viņu atkal ievilka zem ūdens. Viņa zināja, ka nevarēs šeit palikt uz visiem laikiem; galu galā viņai nāksies peldēt vai mirt, mēģinot to izdarīt. Viņa atspiedās no dzegas un devās **krasta virzienā**. Šķita, ka tā ir mūžība, bet beidzot viņa nokļuva drošībā un nogurusi, bet dzīva nokrita **krastā.**

Sievietes vārds bija Anna, un **sirdī** viņa bija piedzīvojumu meklētāja. Viņa jau gadiem ilgi bija pētījusi pasauli, un šķita, ka tā vienmēr atrod jaunus veidus, kā viņu pārsteigt. Šoreiz viņa bija peldējusies kādā Latvijas **upē,** kad pārāk **tuvu pietuvojās** Ventas Rumbas ūdenskritumam un straume viņu ievilka zem ūdens. Par laimi, viņa bija spēcīga peldētāja un spēja nokļūt krastā. Taču tagad viņa bija iestrēgusi svešā valstī bez **naudas** un personu apliecinošiem dokumentiem. Viņai vajadzēja kaut kā atrast ceļu

Venta Rumba

De zon ging onder boven Venta Rumba, een **waterval** in Letland. Het water glinsterde in de laatste zonnestralen en de lucht werd gevuld met het geluid van ruisend water. Het was een vredige plek, en heel even leek de tijd stil te staan. Plotseling klonk er een luide plons toen er iets in het water viel. Een jonge vrouw kwam tevoorschijn uit de diepte, snakkend naar lucht. Ze was stroomopwaarts **gezwommen** en was te dicht bij de watervallen gekomen. Nu klampte ze zich vast aan een rots, in een poging op adem te komen voordat ze weer onder water werd getrokken door de sterke stroming. Ze wist dat ze hier niet eeuwig kon blijven; uiteindelijk zou ze moeten zwemmen of sterven terwijl ze het probeerde. Ze duwde zich van de richel en ging naar **de kust**. Het leek een eeuwigheid te duren, maar uiteindelijk kwam ze in veiligheid en zakte ze uitgeput maar levend op de **oever in elkaar.**

De naam van de vrouw was Anna, en ze was een avonturier in **hart en nieren**. Zij verkende de wereld al jaren, en die leek altijd nieuwe manieren te vinden om haar te verrassen. Deze keer was ze aan het zwemmen in een **rivier** in Letland toen ze te **dicht** bij de Venta Rumba waterval kwam en door de stroming onder water werd getrokken. Gelukkig was ze een sterke zwemster

atpakaļ uz mājām. Anna sāka iet pret straumi, cerot atrast **tiltu** vai ko citu, kas viņai palīdzētu pārcelties pāri upei. Pēc brīža viņa nonāca pie neliela ciemata, kas atradās **ielejā** zem ūdenskrituma. Izskatījās, ka tas nav redzējis daudz apmeklētāju; varbūt viņi varētu viņai palīdzēt?

Anna devās uz **ciematu,** un drīz vien viņu sagaidīja draudzīga sieviete, kas uzstājās kā Inga. Viņa paskaidroja, ka šajā apvidū nav tiltu, bet viņa varētu palīdzēt Annai nokļūt mājās. Inga aizveda Annu uz savām mājām un paēdināja viņu ar **siltu** maltīti, bet pēc tam izvilka vecu karti. Tajā bija norādīts ceļš cauri kalniem, pa kuru Anna varētu atgriezties Latvijā. Ar Ingas palīdzību Anna sapakoja **krājumus** un nākamajā rītā devās ceļā. Ceļš bija grūts, bet pēc vairāku dienu pārgājiena Anna beidzot atgriezās Latvijā. Viņa bija nogurusi un netīra, bet jutās sajūsmā par **piedzīvojumu**. Viņa zināja, ka nekad neaizmirsīs Ventas rumbu un laipnos cilvēkus, kas viņai bija palīdzējuši ceļā.

en kon ze de kant halen. Maar nu was ze gestrand in een vreemd land, zonder **geld** of identiteitskaart. Ze zou op de een of andere manier een weg terug naar huis moeten vinden. Anna begon stroomopwaarts te lopen, in de hoop een **brug** of iets dergelijks te vinden dat haar zou helpen de rivier over te steken. Na een tijdje kwam ze bij een klein dorpje, genesteld in de **vallei** onder de watervallen. Het zag eruit alsof het nog niet veel bezoekers had gehad; misschien konden zij haar helpen?

Anna ging op weg naar het **dorp** en werd al snel opgewacht door een vriendelijke vrouw die zich voorstelde als Inga. Zij legde uit dat er geen bruggen in de buurt waren, maar dat zij Anna misschien kon helpen om weer thuis te komen. Inga nam Anna mee naar haar huis en gaf haar een **warme** maaltijd voordat ze een oude kaart tevoorschijn haalde. Daarop stond een route door de bergen die Anna terug naar Letland zou brengen. Met Inga's hulp pakte Anna wat **spullen in** en vertrok de volgende ochtend op reis. Het was een zware tocht, maar na enkele dagen wandelen kwam Anna eindelijk weer in Letland aan. Ze was moe en vies, maar ze voelde zich opgewekt door haar **avontuur**. Ze wist dat ze Venta Rumba nooit zou vergeten, noch de vriendelijke mensen die haar op weg geholpen hadden.

Izpratnes jautājumi

1. Kāds bija ūdenskrituma nosaukums?

2. Kādā valstī atradās ūdenskritums?

3. Ko darīja Anna, kad viņa nokļuva pārāk tuvu ūdenskritumam?

4. Kā Anna jutās, kad viņa nokļuva krastā?

5. Kas palīdzēja Annai, kad viņa nokļuva ciematā?

6. Ko Inga darīja, lai palīdzētu Annai?

7. Cik ilgā laikā Anna atgriezās Latvijā?

8. Kā Anna jutās, kad atgriezās Latvijā?

9. Kāda bija viena lieta, ko Anna zināja, ka nekad neaizmirsīs?

Begrip vragen

1. Wat was de naam van de waterval?

2. In welk land bevond de waterval zich?

3. Wat deed Anna toen ze te dicht bij de waterval kwam?

4. Hoe voelde Anna zich toen ze aan land kwam?

5. Wie hielp Anna toen ze in het dorp aankwam?

6. Wat heeft Inga gedaan om Anna te helpen?

7. Hoe lang heeft Anna erover gedaan om terug te komen in Letland?

8. Hoe voelde Anna zich toen ze terugkwam in Letland?

9. Wat was het enige dat Anna wist dat ze nooit zou vergeten?

Dainas tautas mūzika

Dainu tautas mūzika Latvijā ir **skaista** un unikāla mūzikas forma, kas tiek nodota no paaudzes paaudzē. Mūzikai raksturīgi seni instrumenti, piemēram, kokle, kas ir citru veids, un pašas dainas ir īsas dziesmas, kas stāsta stāstus vai pauž **emocijas**. Viena īpaša dziesma "Dievs, svētais un māte" ("Dievs, svētais un māte") man ir īpaši īpaša. To man dziedāja mana **vecmāmiņa,** kad biju maza meitene, un vienmēr, kad to dzirdu, tā man atsauc atmiņas par viņu. Dziesma stāsta par mātes mīlestību pret savu bērnu, neatkarīgi no tā, ko viņš ir darījis nepareizi. Tas ir atgādinājums, ka mūs visus kāds šajā pasaulē mīl **bez nosacījumiem.**

Ikreiz, kad klausos Dainas tautas mūziku, es atgriežos savās bērnības mājās Latvijā, kur **vecmāmiņa** man dziedāja šīs skaistās dziesmas. Lai gan viņas fiziski vairs nav kopā ar mums, viņas balss joprojām dzīvo šajās melodijās un tekstos. Dainu tautas mūzika vienmēr ir bijusi svarīga manas dzīves sastāvdaļa. Ikreiz, kad es dzirdu dainu, tā atsauc atmiņā **bērnību** un visus laimīgos brīžus, ko pavadīju kopā ar savu ģimeni. Atceros vienu īpašu vasaru, kad mēs pavadījām slinkas dienas pie upes, **makšķerējot** un peldoties. Vakaros

Daina volksmuziek

De Daina volksmuziek van Letland is een **prachtige** en unieke vorm van muziek die van generatie op generatie is doorgegeven. De muziek wordt gekenmerkt door het gebruik van oude instrumenten, zoals de kokle, een soort citer, en de daina's zelf zijn korte liedjes die verhalen vertellen of **emoties uitdrukken**. Eén lied in het bijzonder, "Dievs, svetiņš un māte," ("God, de Heilige, en Moeder"), is bijzonder speciaal voor mij. Het werd voor mij gezongen door mijn **grootmoeder** toen ik nog klein was, en het roept altijd herinneringen aan haar op als ik het hoor. Het lied vertelt het verhaal van de liefde van een moeder voor haar kind, wat ze ook verkeerd gedaan hebben. Het is een herinnering aan het feit dat we allemaal **onvoorwaardelijk** geliefd zijn door iemand in deze wereld.

Telkens wanneer ik naar de volksmuziek van Daina luister, word ik teruggevoerd naar mijn ouderlijk huis in Letland, waar mijn **grootmoeder** deze prachtige liederen voor mij zong. Ook al is ze fysiek niet meer bij ons, haar stem leeft nog steeds voort in deze melodieën en teksten. Daina volksmuziek is altijd een belangrijk deel van mijn leven geweest. Telkens als ik

mēs sēdējām pie ugunskura, un vecmāmiņa mums dziedāja dainas. Lai gan viņa nezināja visus vārdus, viņa pati izdomāja dziesmas vārdus, lai tie atbilstu melodijai. Mēs visi smējāmies un klaigājām līdzi, kad viņa **dziedāja**.

Tie bija vieni no labākajiem laikiem manā dzīvē. Mūsdienās, kad man ir **ilgas pēc mājām** vai bēdu sajūta, es ieslēdzu kādu Dainas tautas mūziku, un tā vienmēr palīdz man justies labāk. Tas ir kā mazs gabaliņš Latvijas, ko es varu paņemt līdzi, lai kurp es dotos. Dainu tautas **mūzika** ir tik īpašs un unikāls mūzikas veids. Tai piemīt spēja pārcelt tevi citā laikā un vietā, un tā vienmēr nes sev līdzi **priecīgas** atmiņas. Tāpēc es esmu tik pateicīga, ka mana vecmāmiņa man nodeva šo muzikālo tradīciju. Ikreiz, kad es dzirdu dainu, es atceros viņas balsi, kas man bērnībā dziedāja šīs skaistās dziesmas. Lai gan viņas vairs nav kopā ar mums, viņas balss joprojām dzīvo šajās melodijās. Un **par** to es mūžīgi būšu **pateicīga**.

een daina hoor, roept dat herinneringen op aan mijn **kindertijd** en alle gelukkige tijden die ik met mijn familie doorbracht. Ik herinner me een bepaalde zomer waarin we luie dagen aan de rivier doorbrachten **met vissen** en zwemmen. s Avonds zaten we rond het kampvuur en zong oma daina's voor ons. Ook al kende ze niet alle woorden, ze verzon haar eigen teksten om bij de melodie te passen. We lachten allemaal en klapten mee terwijl ze **zong**.

Dat waren een paar van de beste tijden van mijn leven. Tegenwoordig, als ik **heimwee heb** of in de put zit, zet ik wat Daina-folkmuziek op en dan voel ik me altijd beter. Het is als een klein stukje Letland dat ik overal mee naartoe kan nemen. Daina **folkmuziek** is zo'n speciale en unieke vorm van muziek. Het heeft de kracht om je terug te voeren naar een andere tijd en plaats, en het brengt altijd **mooie herinneringen met zich mee**. Daarom ben ik zo dankbaar dat mijn grootmoeder deze muzikale traditie aan mij heeft doorgegeven. Telkens als ik een daina hoor, moet ik denken aan haar stem die deze prachtige liedjes voor me zong toen ik nog een kind was. Ook al is ze niet meer onder ons, haar stem leeft nog steeds voort in deze melodieën. En daar zal ik haar eeuwig **dankbaar voor zijn**.

Izpratnes jautājumi

1. Kas ir latviešu tautas mūzika Daina?

2. Kādas ir Dainas tautas mūzikas īpatnības?

3. Par ko ir dziesma "Dievs, svetiņš un māte"?

4. Kāpēc šī dziesma autoram ir īpaša?

5. Kādas ir autora atmiņas par Dainas tautas mūzikas klausīšanos bērnībā?

6. Kā autore jūtas, dzirdot Dainas tautas mūziku tagad?

7. Kādas ir autora mīļākās atmiņas par Dainas tautas mūzikas klausīšanos?

8. Ko autors domā par Dainas tautas mūziku?

9. Kāpēc autore ir pateicīga savai vecmāmiņai?

10. Ko autors domā par Dainas tautas mūzikas tradīciju?

Begrip vragen

1. Wat is de Daina volksmuziek van Letland?

2. Wat zijn enkele kenmerken van de Daina volksmuziek?

3. Waar gaat het liedje “Dievs, svetiņš un māte” over?

4. Waarom is dit lied speciaal voor de auteur?

5. Wat zijn de herinneringen van de auteur aan het horen van de Daina volksmuziek als kind?

6. Hoe voelt de schrijfster zich als ze nu de volksmuziek van Daina hoort?

7. Wat is de favoriete herinnering van de auteur aan het horen van Daina volksmuziek?

8. Wat vindt de auteur van de volksmuziek van Daina?

9. Waarom is de schrijfster haar grootmoeder dankbaar?

10. Wat vindt de auteur van de volksmuziektraditie van Daina?

Gaujas nacionālais parks

Gaujas nacionālais parks ir skaista **vieta**. **Ainavas** ir elpu aizraujošas, un **savvaļas dzīvnieki** ir pārsteidzoši. Nekad agrāk neko līdzīgu neesmu redzējis. Es šeit esmu kopā ar ģimeni, un mēs pavadām savu mūža laiku. Mēs esam devušies pārgājienos, braukuši ar kanoe un izpētījuši visu, ko piedāvā šis parks. Es nevaru sagaidīt, kad drīz atkal atgriezīsimies. Šodien mēs nolēmām doties garākā pārgājienā. Mēs sapakojām pusdienas un agri no **rīta devāmies** ceļā. Taka bija izaicinoša, bet tā bija tā vērta. Mēs redzējām dažus neticamus skatus un pa ceļam pat pamanījām dažus savvaļas dzīvniekus. Mēs atgriezāmies savā kempingā tieši tad, kad **saule jau** rietēja. Šī bija pārsteidzoša diena, un es **jau gaidu** rītdienas piedzīvojumus.

Rīt ir mūsu pēdējā diena Gaujas Nacionālajā parkā. Mēs esam izbaudījuši katru **minūti,** bet esam gatavi doties mājās. Esmu ļoti pateicīgs par šo pieredzi un visu, ko esmu iemācījies. Es nekad neaizmirsīšu šīs vietas **skaistumu un atmiņas, ko** šeit esam radījuši. Kad mēs sakravājam savas mantas un atvadāmies no Gaujas Nacionālā parka, es nevaru palīdzēt, bet jūtos

Gauja Nationaal Park

Gauja Nationaal Park is een prachtige **plek**. Het **landschap** is adembenemend en de **wilde dieren** zijn geweldig. Zoiets heb ik nog nooit gezien. Ik ben hier met mijn familie en we hebben de tijd van ons leven. We hebben gewandeld, gekanood en alles verkend wat het park te bieden heeft. Ik kan niet wachten om snel weer terug te komen. Vandaag besloten we om een langere wandeling te maken. We pakten een lunchpakket en gingen vroeg in **de ochtend op pad**. Het pad was uitdagend, maar zeer de moeite waard. We zagen een aantal ongelooflijke uitzichten en zagen zelfs wat wilde dieren langs de weg. We kwamen terug op onze camping toen de **zon** net onderging. Het was een geweldige dag en ik kijk nu al uit naar de avonturen van morgen.

Morgen is onze laatste dag hier in Gauja Nationaal Park. We hebben van elke **minuut** genoten, maar we zijn klaar om naar huis te gaan. Ik ben zo dankbaar voor deze ervaring en alles wat ik geleerd heb. Ik zal nooit de **schoonheid** van deze plek vergeten of de **herinneringen** die we hier hebben gemaakt. Terwijl we onze spullen inpakken en afscheid nemen van Gauja

nedaudz skumji. Šis ir bijis pārsteidzošs ceļojums, bet visam labajam ir jābeidzas. Es jau ar nepacietību gaidu mūsu nākamo **kopīgo** ģimenes piedzīvojumu.

Līdz tam es glabāsim **atmiņas par** šo īpašo vietu. Ceļš uz mājām ir garš, bet mēs visi esam labā noskaņojumā. Mēs sarunājamies un smejamies par visām jautrībām, ko piedzīvojām pagājušajā nedēļā. Es esmu tik pateicīga par savu ģimeni un šo brīnišķīgo **pieredzi**. Es nevaru vien sagaidīt, kad drīz atkal atgriezīšos Gaujas Nacionālajā parkā. Kad iebraucam mūsu piebraucamajā ceļā, es nevaru palīdzēt, bet jūtu atvieglojumu. Ir labi būt **mājās**. Es jau ar nepacietību gaidu nākamo reizi, kad varēsim kopā **izpētīt** šo skaisto parku. Līdz tam es glabāsim atmiņas par mūsu piedzīvojumu tuvu pie sirds.

National Park, kan ik het niet helpen maar ik voel me een beetje verdrietig. Dit is een geweldige reis geweest, maar aan alle goede dingen komt een eind. Ik kijk nu al uit naar ons volgende avontuur **samen** als gezin.

Tot dan, zal ik de **herinneringen** aan deze speciale plek koesteren. De rit naar huis is lang, maar we zijn allemaal vol goede moed. We kletsen en lachen over alle leuke dingen die we de afgelopen week hebben meegemaakt. Ik ben zo dankbaar voor mijn familie en deze geweldige **ervaring**. Ik kan niet wachten om snel weer terug te komen naar Gauja National Park. Als we onze oprit oprijden, voel ik een gevoel van opluchting. Het is goed om **thuis te** zijn. Ik kijk nu al uit naar de volgende keer dat we dit prachtige park samen kunnen **verkennen**. Tot dan zal ik de herinneringen aan ons avontuur dicht bij mijn hart houden.

Izpratnes jautājumi

1. Kāds ir autora viedoklis par Gaujas nacionālo parku?

2. Ko autors ir darījis Gaujas Nacionālajā parkā?

3. Kāds ir autora viedoklis par Gaujas nacionālā parka dzīvniekiem un augiem?

4. Kāds ir autora viedoklis par Gaujas nacionālā parka ainavām?

5. Ko autors šodien darīja?

6. Kāds ir autora viedoklis par taku, pa kuru viņi šodien devās pārgājienā?

7. Ko autors šodien redzēja pārgājienā?

8. Kurā diennakts laikā autors pabeidza pārgājienu?

9. Kāds ir autora viedoklis par ceļojumu kopumā?

10. Kāds ir autora plāns, kad viņi atgriezīsies mājās?

Begrip vragen

1. Wat is de mening van de auteur over Gauja Nationaal Park?

2. Wat heeft de auteur gedaan tijdens zijn verblijf in het Gauja National Park?

3. Wat is de mening van de auteur over de wilde dieren in Gauja National Park?

4. Wat is de mening van de auteur over het landschap in Gauja Nationaal Park?

5. Wat heeft de schrijver vandaag gedaan?

6. Wat is de mening van de auteur over het pad dat ze vandaag bewandeld hebben?

7. Wat heeft de schrijver vandaag tijdens zijn wandeling gezien?

8. Op welk uur van de dag heeft de schrijver zijn wandeling beëindigd?

9. Wat is de mening van de auteur over hun reis in het algemeen?

10. Wat is het plan van de auteur voor als ze thuiskomen?

Rundāles pils

Rundāles pils reiz bija krāšņs skats. Tā tika uzcelta 18. gadsimta sākumā, un tajā dzīvoja daudzas **dižciltīgas** ģimenes. Tomēr laika gaitā tā pamazām pamazām sāka pussabruka un tagad ir tikai drupas. Taču pat pašreizējā stāvoklī pils joprojām glabā **zināmu** šarmu. Kādā vasaras dienā jauna sieviete vārdā Anna, iepazīstot lauku ainavas, nonāca pie Rundāles pils. Viņa bija dzirdējusi stāstus par pili, bet nekad nedomāja, ka redzēs to **klātienē**. Tuvojoties pils ēkai, viņa redzēja, ka tā patiešām ir nolaista. Taču, neraugoties uz pils stāvokli, viņa nespēja vien sajūsmināties par tās **lielumu** un varenību. Izpētot pils teritoriju, Anna jutās tā, it kā būtu pārcēlusies citā laikmetā.

Viņa varēja iedomāties, kā tur bija jādzīvo pirms vairākiem gadsimtiem, kad to vēl apdzīvoja muižnieku ģimenes. Lai gan tagad tas bija tikai ēna no sava kādreizējā "es", Anna jutās laimīga, ka varēja klātienē iepazīt tik brīnišķīgu vietu. Turpinot **pētīt** Rundāles pili, Anna saskārās ar slēptu kāpņu telpu, kas veda uz jumta. Viņa uzkāpa pa kāpnēm un nokļuva uz **jumta,** kur viņu sagaidīja neticams skats. No sava skatu punkta viņa varēja redzēt jūdzes uz visām pusēm. Tas bija patiesi elpu aizraujošs. Anna kādu laiku palika uz jumta, vērojot ainavu un ļaujoties iztēlei. Viņa iztēlojās, kā būtu

Rundale Palace

Het Rundale Paleis was ooit een prachtig schouwspel. Het werd gebouwd in het begin van de 18e eeuw en was de thuisbasis van vele **adellijke** families. Na verloop van tijd raakte het echter in verval en is het nu niet meer dan een ruïne. Maar zelfs in zijn huidige staat heeft het paleis nog steeds een **zekere** charme. Op een zomerdag kwam een jonge vrouw genaamd Anna het Rundale Paleis tegen toen ze het platteland aan het verkennen was. Ze had verhalen over het paleis gehoord, maar nooit gedacht dat ze het ooit in het **echt** zou zien. Toen ze dichterbij kwam, kon ze zien dat het inderdaad in een vervallen staat verkeerde. Maar ondanks zijn staat, was ze onder de indruk van zijn **omvang** en grootsheid. Toen Anna het terrein van het paleis verkende, had ze het gevoel dat ze terug in de tijd was getransporteerd naar een ander tijdperk.

Ze kon zich voorstellen hoe het moet zijn geweest om daar eeuwen geleden te wonen, toen het nog bewoond werd door adellijke families. Ook al was het nu nog maar een schaduw van wat het ooit was, Anna voelde zich gelukkig dat ze zo'n geweldige plek zelf had kunnen ervaren. Terwijl Anna verder ging met het **verkennen van** het Rundale Palace, kwam ze een verborgen trap tegen die naar het dak leidde. Ze

bijis būt vienai no dižciltīgajām ģimenēm, kas reiz tur dzīvoja. Viņa iztēlojās, kā greznās balles notiek greznās balles zālēs un dāmas pastaigājas pa koptiem dārziem. Lai gan šie laiki jau sen bija pagājuši, Anna jutās tā, it kā būtu ieskatījusies citā **pasaulē**.

Kad saule sāka rietēt, Anna negribīgi pameta **jumtu un** sāka doties atpakaļ pa apslēptajām kāpnēm. Taču, pirms viņa nokļuva lejā, viņa sadzirdēja troksni, kas nāca no viena no apakšējiem stāviem. Tas izklausījās tā, it kā kāds raudātu. Anna piesardzīgi nokāpa uz to stāvu, kur viņa bija dzirdējusi troksni, un sekoja tam, līdz nonāca pie durvīm. Viņa brīdi **vilcinājās,** bet tad nolēma tās atvērt. Iekšpusē viņa atrada vecu sievieti, kas sēdēja uz gultas nelielā istabā, kura bija pilna ar **kastēm** un citām mantām. Sieviete ar asarām acīs paskatījās uz Annu. Izrādījās, ka šī sieviete bija viena no pēdējām Rundāles pils iemītniecēm.

beklom de trap en kwam op het **dak**, waar ze werd geconfronteerd met een ongelooflijk uitzicht. Vanaf haar uitkijkpunt kon ze kilometers ver in alle richtingen kijken. Het was werkelijk adembenemend. Anna bleef een tijdje op het dak zitten, nam het landschap in zich op en liet haar fantasie **de vrije loop**. Ze stelde zich voor hoe het zou zijn geweest om een van de adellijke families te zijn die daar ooit gewoond hadden. Ze stelde zich voor hoe grote bals werden gehouden in weelderige balzalen en hoe dames door verzorgde tuinen wandelden. Hoewel die dagen al lang voorbij waren, voelde Anna zich alsof ze een glimp had opgevangen van een andere **wereld**.

Toen de zon begon onder te gaan, verliet Anna met tegenzin het **dak** en begon aan haar weg terug naar beneden via de verborgen trap. Maar voordat ze beneden was, hoorde ze een geluid van een van de lagere verdiepingen. Het klonk alsof iemand huilde. Anna ging voorzichtig naar beneden naar de verdieping waar ze het geluid had gehoord en volgde het tot ze bij een deur kwam. Ze **aarzelde even**, maar besloot toch open te doen. Binnen trof zij een oude vrouw aan, zittend op een bed in een kleine kamer die gevuld was met **dozen** en andere bezittingen. De vrouw keek op naar Anna met tranen in haar ogen. Het bleek dat de vrouw een van de laatst overgebleven bewoners van Rundale Palace was.

Izpratnes jautājumi

1. Kas ir Rundāles pils?

2. Kad tika uzcelta Rundāles pils?

3. Kādam nolūkam kādreiz tika izmantota Rundāles pils?

4. Kādiem mērķiem tagad tiek izmantota Rundāles pils?

5. Ko Anna domā par Rundāles pili?

6. Ko Anna iedomājās par Rundāles pili?

7. Ko Anna atrada uz Rundāles pils jumta?

8. Ko vecā sieviete pastāstīja Annai par Rundāles pili?

9. Kā Anna jutās pēc vecās sievietes stāsta?

10. Ko Anna apsolīja vecajai sievietei?

Begrip vragen

1. Wat is het Rundale Palace?

2. Wanneer werd het Rundale Palace gebouwd?

3. Waar werd het Rundale Palace vroeger voor gebruikt?

4. Waar wordt het Rundale Palace nu voor gebruikt?

5. Wat vond Anna van het Rundale Palace?

6. Wat stelde Anna zich voor bij het Rundale Palace?

7. Wat heeft Anna gevonden op het dak van het Rundale Palace?

8. Wat heeft de oude vrouw Anna verteld over het Rundale Palace?

9. Hoe voelde Anna zich na het horen van het verhaal van de oude vrouw?

10. Wat beloofde Anna aan de oude vrouw?

Pringles

Es gāju cauri **pārtikas** veikalam, kad tos ieraudzīju, un rūpējos par savām lietām. Pringles Viņi sēdēja turpat plauktā un skatījās uz mani ar savām mazajām actiņām. Es zināju, ka nevajadzētu, bet nevarēju pretoties. Es aizsniedzos pēc bundžas, un, pirms es to pamanīju, tās jau bija manā grozā. Es paņēmu tās mājās un atvāru kārbu. Tas bija kā nekas, ko es nekad iepriekš nebiju piedzīvojusi. Pirmā čipsa trāpīja man uz **mēles** un eksplodēja garšas uzplūdā. sierains, sāļš labums, kas turpināja nākt un nākt. Neilgi pēc tam visa kārba bija beigusies, un es vēlējos vēl. Nepagāja ilgs laiks, un Pringles kļuva par manas diētas **pamatu.** Katru dienu pēc darba es atnācu mājās un atvēru bundžu (vai divas). Mani draugi sāka par mani uztraukties; viņi teica, ka ēst tik daudz Pringles nav **veselīgi**.

Bet kas viņi ir tie, kas var spriest? Viņi nedzīvo manu dzīvi. Tikai es zinu, kas man ir vislabākais! Un manuprāt, nav nekā labāka par **gardiem** Pringles čipsiem. Bet tad kādu dienu notika kaut kas tāds, kas visu mainīja. Es ēdu savu ierasto Pringles uzkodu pēc darba, kad pēkšņi sāku justies dīvaini. Bija tā, it kā čipsi manā **vēderā** būtu dzīvi, kņudinādamies un vicinādamies apkārt. Sākumā es centos to ignorēt, bet sāpes ātri vien kļuva pārāk stipras, lai tās izturētu. Es

Pringles

Ik was met mijn eigen zaken bezig, liep door de supermarkt toen ik ze zag. Pringles. Ze zaten daar op de plank en staarden me aan met hun kleine oogjes. Ik wist dat ik het niet moest doen, maar ik kon het niet weerstaan. Ik greep naar het blikje en voor ik het wist, lagen ze in mijn karretje. Ik nam ze mee naar huis en opende het blikje. Het was zoals ik nog nooit had ervaren. De eerste chip raakte mijn **tong** en explodeerde in een uitbarsting van smaak. Kaasachtige, zoute goedheid die maar bleef komen en komen. Het duurde niet lang of het hele blikje was op, en ik wilde meer. Het duurde niet lang voordat Pringles een **hoofdbestanddeel** van mijn dieet werd. Elke dag na het werk, kwam ik thuis en maakte ik een blikje (of twee) open. Mijn vrienden begonnen zich zorgen over me te maken; ze zeiden dat het niet **gezond** was om zoveel Pringles te eten.

Maar wie zijn zij om te oordelen? Zij leven mijn leven niet. Alleen ik weet wat het beste voor me is! En wat mij betreft, is er niets beter dan een **heerlijke** stapel Pringles chips. Maar op een dag, gebeurde er iets dat alles veranderde. Ik at mijn gebruikelijke after-work snack van Pringles toen ik me plotseling vreemd begon te voelen. Het was alsof de chips in mijn **maag**

aizskrēju uz vannas istabu un izmetu visu, kas atradās manā vēderā... tostarp Pringles. Tie iznāca ārā veseli, it kā nemaz nebūtu sagremoti. Bija tā, it kā tie ņirgātos par mani, jo gulēja kaudzē uz grīdas. Tad es sapratu, ka man no tiem jāatsakās uz visiem laikiem. Tas nebija viegli, bet ar **draugu** un ģimenes palīdzību es galu galā uz visiem laikiem atbrīvojos no Pringle **atkarības**.

Mūsdienās , kad vien redzu šos mazos čipsus, kas uz mani raugās no veikala plaukta, es eju prom, ne mirkli nedomājot **par** tiem. Ir pagājuši vairāki gadi, kopš es neesmu ēdusi Pringle, bet kādu dienu es jutos nostalģiski un nolēmu nopirkt bundžu. Veco laiku dēļ, tikai vienu kārbu. Bet, tiklīdz es atvēru vāciņu un ieelpoju **pazīstamo** siera smaržu, visas atmiņas atgriezās. Labie un sliktie laiki, kad es nespēju sevi piespiest apēst pat vienu čipsu. Tā vietā es vienkārši sēdēju un skatījos uz tām, aizmaldījusies domās. Tas ir smieklīgi, kā kaut kas tik **mazs** var tik ļoti ietekmēt tavu dzīvi. Kurš gan būtu domājis, ka maza čipsu kaudzīte mani tik **ļoti** mainīs?

leefden, kronkelend en wriemelend. Ik probeerde het eerst te negeren, maar de pijn werd al snel te erg om te verdragen. Ik haastte me naar de badkamer en kotste alles in mijn maag uit... inclusief de Pringles. Ze kwamen er heel uit, alsof ze nooit verteerd waren. Het was alsof ze me bespotten terwijl ze daar op een hoopje op de grond lagen. Toen wist ik dat ik ze voorgoed moest opgeven. Het was niet gemakkelijk, maar met de hulp van mijn **vrienden** en familie ben ik uiteindelijk voorgoed van mijn **Pringle-verslaving** afgekomen.

Als ik tegenwoordig die kleine chips in het schap van de kruidenier zie liggen, loop ik weg zonder er **verder bij stil te staan**. Het is al een paar jaar geleden dat ik een Pringle heb gegeten, maar onlangs had ik een nostalgisch gevoel en besloot ik een blikje te kopen. Voor de goede oude tijd, één blikje maar. Maar zodra ik het deksel opendeed en de **bekende** kaasgeur opsnoof, kwamen al die herinneringen weer boven. De goede en de slechte tijden, ik kon mezelf er niet toe brengen ook maar één chipje te eten. In plaats daarvan zat ik daar maar, in gedachten verzonken, naar ze te staren. Het is grappig hoe zoiets **kleins** zo'n grote impact op je leven kan hebben. Wie had gedacht dat een klein stapeltje chips me **zo** zou veranderen?

Izpratnes jautājumi

1. Ko dara galvenais varonis, ieraugot Pringles?

2. Kā jūtas galvenais varonis pēc Pringles ēdiena ēšanas?

3. Kāpēc galvenā varoņa draugi sāk par viņiem uztraukties?

4. Kas notiek ar galveno varoni pēc tam, kad viņš apēd Pringles?

5. Kā jūtas galvenais varonis, atkal ieraugot Pringles?

6. Ko galvenais varonis dara ar Pringles?

7. Ko galvenais varonis domā par Pringles?

8. Ko par Pringles domā galvenā varoņa ģimene?

9. Kāds tagad ir galvenā varoņa viedoklis par Pringles?

10. Vai “Pringles” ir pozitīva vai negatīva ietekme uz galvenā varoņa dzīvi?

Begrip vragen

1. Wat doet de hoofdpersoon als hij de Pringles ziet?

2. Hoe voelt de hoofdpersoon zich na het eten van de Pringles?

3. Waarom beginnen de vrienden van de hoofdpersoon zich zorgen over hem te maken?

4. Wat gebeurt er met de hoofdpersoon nadat ze de Pringles hebben opgegeten?

5. Hoe voelt de hoofdpersoon zich als hij de Pringles weer ziet?

6. Wat doet de hoofdpersoon met de Pringles?

7. Wat vindt de hoofdpersoon van de Pringles?

8. Wat denkt de familie van de hoofdpersoon over de Pringles?

9. Wat is de mening van de hoofdpersoon over de Pringles nu?

10. Hebben de Pringles een positieve of negatieve invloed op het leven van de hoofdpersoon?

Pludmalē

Pēc saullēkta viļņi ir skaļāki, un smiltis virs plūdmaiņām ir baltas. Es eju uz pludmali, **apbrīnoju** jūru un sauli. Mani pirksti jūt gliemežvāku rievas. Smiltis ir aukstas uz maniem pirkstiem. Es smaidu un eju tālāk. Plūdmaiņa ir liela, tāpēc man jābūt uzmanīgai, lai mani neaizvilktu iekšā. Es eju gar ūdens malu, apbrīnojot jūru. Saullēkts ir **skaists, un** viļņi šūpojas. Es jūtos tik mierīga. Nonāku vietā, kur ir klinšu atsegums. Es apsēžos un vēroju viļņus. Ūdens ir tik zils, un debesis tik **oranžas**. Es jūtos kā sapnī. Es aizveru acis un vienkārši klausos viļņos. Es ilgi tur sēdēju, līdz sadzirdēju, ka kāds sauc mani vārdā.

Atveru acis un redzu mammu, kas iet man pretī. Viņas sejā ir noraizējies skatiens. Es pasmaidu un pamāju ar roku, un viņa **atslābst**. “Man bija jautājums, kur tu aizgāji,” viņa saka. “Es priecājos, ka tev patīk pludmale.” Es atbildu: “Patīk.” “Šeit ir tik skaisti.” “Es zinu,” viņa saka. “Kad es biju tavā vecumā, es šeit mēdzu nākt visu laiku.” “Tiešām?” Es jautāju. “Jā,” viņa atbild. “Tā ir īpaša vieta.” “Vai tu kādreiz esi šeit satikusi kādu īpašu cilvēku?” Es jautāju. “Es satiku,” viņa atbild ar smaidu. “Tavu tēvu.” “Tiešām?” Es saku, **pārsteigts**. “Jā,” viņa atbild. “Mēs šeit visu laiku nācām kopā. Šeit mēs iemīlējāmies. “ Es smaidu, **iedomājoties, kā** mani

Op het strand

Na zonsopgang zijn de golven luider en het zand boven de vloed is wit. Ik loop naar het strand en **bewonder** de zee en de zon. Mijn tenen voelen de groeven van schelpen. Het zand is koud aan mijn tenen. Ik glimlach en loop door. Het is vloed, dus ik moet oppassen dat ik er niet in word getrokken. Ik loop langs de waterkant en bewonder de zee. De zonsopgang is **prachtig**, en de golven beuken. Ik voel me zo vredig. Ik kom op een plek waar een rots uitsteekt. Ik ga zitten en kijk naar de golven. Het water is zo blauw en de lucht is zo **oranje**. Ik voel me alsof ik in een droom ben. Ik sluit mijn ogen en luister alleen maar naar de golven. Ik zat daar een hele tijd, tot ik iemand mijn naam hoorde roepen.

Ik open mijn ogen en zie mijn moeder naar me toe lopen. Ze heeft een bezorgde blik op haar gezicht. Ik glimlach en zwaai, en ze **ontspant zich**. "Ik vroeg me al af waar je was," zegt ze. "Ik ben blij dat je van het strand geniet." Ik antwoord: "Dat doe ik." "Het is hier zo mooi." "Ik weet het," zegt ze. "Ik kwam hier altijd toen ik zo oud was als jij." "Echt waar?" Vraag ik. "Ja," antwoordt ze. "Het is een speciale plek." "Heb je hier ooit een speciaal iemand ontmoet?" Vraag ik. "Ik wel," antwoordt ze met een glimlach. "Je vader." "Echt waar?" Zeg ik, **verbaasd**. "Ja," zegt ze. "We kwamen hier altijd

vecāki iemīlas šajā skaistajā pludmalē. "Tā ir īpaša vieta," viņa atkārto. "Es priecājos, ka tu šodien šeit ieradies."

Mēs vēl kādu brīdi sēžam, **vērojot** viļņus un saulrietu. Tad pieceļamies un dodamies atpakaļ pie saviem pludmales dvieļiem. Es guļu un skatos uz zvaigznēm. Es jūtos tik laimīga un apmierināta. Viļņi tagad ir skaļāki, un smiltis ir aukstas. Saule riet, un pūš vēss vējš. Viļņi dauzās pret krastu, un gaisā jūtama sāls smarža. Tas ir ideāls vakars, lai būtu pludmalē. Es eju gar krastu, **klausos** viļņu šalkoņā un vēroju saulrietu. Es redzu cilvēku grupu, kas sēž uz smiltīm, smejas un joko. Izskatās, ka viņi lieliski pavada laiku. Es eju pie viņiem un jautāju, vai varu viņiem pievienoties. Viņi piekrīt, un mēs pavadām atlikušo vakara daļu, sarunājoties, smejoties un vērojot **saulrietu**. Tas ir lielisks vakars. Mēs ar grupu sarunājamies, līdz saule riet. Mēs dalāmies stāstos un jokos, un mums visiem ir lieliski pavadīts laiks. Kad nakts sāk krietni krietni samazināties, mēs visi sākam justies noguruši. Mēs noskūpstām viens otru uz **atvadāmies** un šķiramies. Es dodos atpakaļ uz savu viesnīcu, jūtoties laimīgs un apmierināts. Es nevaru noticēt, cik šeit ir brīnišķīgi. Man ir tik ļoti paveicies, ka esmu to **piedzīvojusi.**

samen. Het is waar we verliefd werden. " Ik glimlach en **stel me voor hoe** mijn ouders verliefd werden op dit prachtige strand. "Het is een speciale plek," herhaalt ze. "Ik ben blij dat je hier vandaag bent."

We zitten daar nog een tijdje, **kijken naar** de golven en de zonsondergang. Dan staan we op en lopen terug naar onze strandhanddoeken. Ik ga liggen en kijk naar de sterren. Ik voel me zo gelukkig en tevreden. De golven zijn nu luider, en het zand is koud. De zon gaat onder en er waait een koel briesje. De golven beuken tegen de kust, en de geur van zout hangt in de lucht. Het is een perfecte avond om op het strand te zijn. Ik loop langs het strand, **luister** naar het geluid van de golven en kijk naar de zonsondergang. Ik zie een groep mensen op het zand zitten, lachend en grapjes makend. Ze zien eruit alsof ze het naar hun zin hebben. Ik loop naar ze toe en vraag of ik erbij mag komen zitten. Ze zeggen ja, en we brengen de rest van de avond door met praten, lachen en kijken naar de **zonsondergang**. Het is een perfecte avond. De groep en ik praten tot de zon ondergaat. We delen verhalen en grappen, en we hebben allemaal een geweldige tijd. Als de avond begint te vallen, beginnen we allemaal moe te worden. We kussen elkaar **vaarwel** en gaan uit elkaar. Ik loop terug naar mijn hotel en voel me gelukkig en tevreden. Ik kan niet geloven hoe mooi het hier is. Ik ben zo gelukkig dat ik het heb mogen **meemaken**.

Izpratnes jautājumi

1. Kur stāstītāja dodas pēc pamošanās?

2. Ko stāstītāja apbrīno, ejot gar pludmali?

3. No kā stāstītājai ir jāuzmanās, ejot gar pludmali?

4. Kur stāstītājs apsēžas, lai baudītu skatu?

5. Cik ilgi stāstītājs tur sēž?

6. Ko stāstītāja redz, kad viņa atkal atver acis?

7. Ko saka stāstītāja māte?

8. Par ko stāstniece un cilvēki, kurus viņa satiek, runā?

Begrip vragen

1. Waar gaat de vertelster heen nadat ze wakker is geworden?

2. Wat bewondert de vertelster als ze langs het strand loopt?

3. Waar moet de vertelster op letten als ze langs het strand loopt?

4. Waar gaat de verteller zitten om van het uitzicht te genieten?

5. Hoe lang blijft de verteller daar zitten?

6. Wie ziet de verteller als ze haar ogen weer opent?

7. Wat zegt de moeder van de verteller?

8. Waar praten de verteller en de mensen die ze ontmoet over?

Kempings pie ezera

Es eju ezera virzienā, **apbrīnojot** šīs ainavas mieru. Saule apspīd mazo ezeru, padarot ūdeni līdzīgu stikla virsmai. Vienīgā kustība ir retu reizi viļņošanās, ko rada kāda zivs, **izskalojot** ūdens virsmu. Pat putni, šķiet, atpūšas no karstuma, un gaisu piepilda tikai cikādes. **Pēkšņi** mieru pārtrauc skaļš šļakats. Liela **zivs** ir izlēkusi no ūdens, cenšoties noķert pūķi. Zivs netrāpa mērķim un ar šļakatām krīt atpakaļ ūdenī. "Vau," domāju sev, "tā bija liela zivs!". Es paskatījos apkārt, vai kāds cits to nav redzējis, bet tuvumā neviena nebija. Domāju, ka man būs viņiem par to jāstāsta, kad atgriezīšos nometnē.

Karstums ir **nomācošs, tāpēc ir** grūti elpot. Gaiss ir biezs un smags, kā ap tevi apvilkta sega. Vienīgais atvieglojums ir ūdens. Tas ir vēss un atsvaidzinošs, kā auksts dzēriens karstā dienā. Es dziļi ieelpoju un ienirstu ūdenī. Atvieglojums ir tūlītējs, jo vēsais ūdens mani ieskauj. Peldos līdz pašam dibenam un tad atkal izkāpju virspusē, sajūtot, kā ūdens atvēsina manu ķermeni. Es turpinu **peldēt** apļus, izbaudot atpūtu no karstuma. Pēc brīža izkāpju no ūdens un apgūnos uz zāles, ļaujot saulei izžāvēt ķermeni. Aizveru acis un aizmigstu, un **cikāžu** skaņas mani iemidzina dziļā

Kamperen aan het meer

Ik loop naar het meer en **bewonder** de vredigheid van het tafereel. De zon schijnt op het meertje, waardoor het water een glazen plaat lijkt. De enige beweging is af en toe een rimpeling van een vis **die** het wateroppervlak breekt. Zelfs de vogels lijken een pauze te nemen van de hitte, met alleen het geluid van cicaden die de lucht vullen. **Plotseling** wordt de rust verbroken door een luide plons. Een grote **vis** is uit het water gesprongen, in een poging een libel te vangen. De vis mist zijn doel en valt met een plons terug in het water. “Wow,” denk ik bij mezelf, “dat was een grote vis!.” Ik keek om me heen om te zien of iemand anders hem had gezien, maar er was niemand in de buurt. Ik denk dat ik het ze zal moeten vertellen als ik terug ben in het kamp.

De hitte is **drukkend**, waardoor het moeilijk is om te ademen. De lucht is dik en zwaar, als een deken om je heen gewikkeld. De enige verlichting is in het water. Het is koel en verfrissend, als een koud drankje op een warme dag. Ik haal diep adem en duik in het water. De opluchting is onmiddellijk als het koele water me omringt. Ik zwem naar de bodem en dan weer naar de oppervlakte, terwijl ik voel hoe het water mijn lichaam afkoelt. Ik blijf baantjes trekken en geniet van de

miegā. Es ļauju saulei izskalot ūdeni no manas ādas. Es jūtu, kā mana āda kļūst sarkana, bet man tas ir vienalga. Man ir pārāk karsti, lai mani tas uztrauktu. Nākamais, ko es zinu, ir saulriets. Debesis ir skaisti oranžas, ar rozā un violetām svītrām. Karstuma vairs nav, to nomaina vēss **vējš**.

Es pieceļos un atkal uzvelku drēbes, jūtoties atsvaidzināta un atjaunota. Es dziļi **ieelpoju** vēso gaisu un pasmaidu. Ir patīkami būt dzīvai. Es eju atpakaļ uz kempingu, apbrīnojot, kā debesīs dejo krāsas. Tālumā redzu degošu ugunskuru, un gaisā jūtama dūmu smarža. Es smaidu un **paātrinu** soli. Esmu gatava atpūsties un izbaudīt atlikušo vakaru. Es ieeju kempingā un redzu, ka visi ir sapulcējušies ap ugunskuru. Viņi **smejas** un joko, un es redzu, kā uguns atspīd viņu acīs. Es smaidu un apsēžos blakus saviem draugiem. Ir patīkami atgriezties. Nākamajā rītā pamostos agri un sāku vākt savas mantas. Es nepacietīgi gaidu, kad varēsim atgriezties uz takas un turpināt savu ceļojumu. Es atvados no draugiem un sāku doties prom. Ejot es pēdējo reizi apskatīju **nometnes vietu**. Tālumā redzu, ka uguns joprojām deg, un gaisā jūtama dūmu smaka.

afkoeling van de hitte. Na een tijdje kom ik uit het water en ga op het gras liggen, zodat de zon mijn lichaam kan drogen. Ik sluit mijn ogen en val in slaap, het geluid van de **cicaden** brengt me in een diepe slaap. Ik laat de zon het water uit mijn huid bakken. Ik voel dat mijn huid rood wordt, maar dat kan me niet schelen. Ik heb het te warm om me zorgen te maken. Het volgende dat ik weet, is dat de zon ondergaat. De lucht is prachtig oranje, met roze en paarse strepen. De hitte is weg, vervangen door een koel **briesje**.

Ik sta op en trek mijn kleren weer aan. Ik voel me verfrist en verjongd. Ik haal diep **adem** uit de koele lucht en glimlach. Het voelt goed om te leven. Ik loop terug naar de camping en bewonder de manier waarop de kleuren in de lucht dansen. In de verte zie ik het kampvuur branden, en ik ruik de rook in de lucht.
Ik glimlach en **versnel** mijn pas. Ik ben klaar om te ontspannen en te genieten van de rest van mijn avond. Ik loop de camping op en zie dat iedereen rond het vuur zit. Ze **lachen** en maken grapjes, en ik kan het vuur in hun ogen zien weerkaatsen. Ik glimlach en ga naast mijn vrienden zitten. Het is goed om terug te zijn. De volgende ochtend sta ik vroeg op en begin mijn spullen in te pakken. Ik sta te popelen om weer op pad te gaan en mijn reis voort te zetten. Ik neem afscheid van mijn vrienden en begin weg te lopen. Terwijl ik loop, werp ik nog een laatste blik op de **camping**. In de verte zie ik het vuur nog branden en ik ruik de rook in de lucht.

Izpratnes jautājumi

1. Kur staigātājs dodas?

2. Kādi ir laikapstākļi?

3. Kā izskatās ūdens?

4. Kā staigātājs reaģē uz karstumu?

5. Ko dara zivs?

6. Kāpēc staigātājs ir viens?

7. Kā jūtas ūdens?

8. Kā staigātājs jūtas pēc peldes?

9. Kādā diennakts laikā staigātājs pamostas?

10. Kur dodas pastaigu gājējs, kad viņš atstāj nometni?

Begrip vragen

1. Waar gaat de wandelaar heen?

2. Wat voor weer is het?

3. Hoe ziet het water eruit?

4. Hoe reageert de wandelaar op de hitte?

5. Wat doet de vis?

6. Waarom is de wandelaar alleen?

7. Hoe voelt het water aan?

8. Hoe voelt de wandelaar zich na het zwemmen?

9. Hoe laat is het als de wandelaar wakker wordt?

10. Waar gaat de wandelaar heen als hij het kamp verlaat?

Māja

Pagājušajā nedēļā es pārcēlos uz savu jauno māju, un es esmu tik **sajūsmināta**! Tā ir daudz lielāka par manu veco māju, un tai ir liels pagalms. Es nevaru vien sagaidīt, kad pie manis varēs ierasties draugi uz grilēšanu un ballītēm. Mana **mīļākā** daļa ir mana jaunā guļamistaba. Tā ir tik liela un gaiša, un man ir daudz vietas, kur novietot visas savas mantas. Es esmu ļoti apmierināta ar savu jauno māju, un domāju, ka būšu šeit ļoti laimīga. Es nolēmu mazliet vairāk izpētīt māju. Es uzkāpu otrajā stāvā un sāku iet uz virtuvi, kad ieraudzīju uz sienas lielu melnu zirnekli! Es kliedzu un skrēju lejā. Man bija tik **bail**! Bet pēc dažām minūtēm es nomierinājos un nolēmu atgriezties augšā. Es lēnām nokļuvu virtuvē un ieraudzīju, ka zirnekļa vairs nav. Man bija tik liels atvieglojums! Es atgriezos lejā un nolēmu doties ārā, lai izpētītu **pagalmu**. Tas bija tik liels! Es nespēju noticēt. Stūrī ieraudzīju šūpoles un slidkalniņu. Es redzēju arī basketbola tīklu un **batutu**. Es biju sajūsmā!

Es nevaru sagaidīt, kad varēsiet izmantot visus šos jaunos līdzekļus. **Kaimiņi** atnāca un iepazīstināja ar sevi. Viņi šķita ļoti jauki, un mēs kādu laiku runājāmies. Viņi uzaicināja mani uz BBQ nākamajā nedēļas nogalē, un es teicu, ka labprāt ieradīšos. Pirmā nedēļa jaunajā

Het Huis

Ik ben vorige week in mijn nieuwe huis getrokken, en ik ben zo **opgewonden**! Het is zoveel groter dan mijn oude, en het heeft een grote achtertuin. Ik kan niet wachten om vrienden uit te nodigen voor BBQ's en feestjes. Mijn **favoriete** deel is mijn nieuwe slaapkamer. Hij is zo groot en licht, en ik heb veel ruimte om al mijn spullen op te bergen. Ik ben echt blij met mijn nieuwe huis en ik denk dat ik hier heel gelukkig zal zijn. Ik besloot om het huis nog wat verder te verkennen. Ik ging naar boven naar de tweede verdieping en ging op weg naar de keuken toen ik een grote zwarte spin op de muur zag! Ik gilde en rende naar beneden. Ik was zo **bang**! Maar na een paar minuten was ik gekalmeerd en besloot ik terug naar boven te gaan. Ik ging langzaam naar de keuken en zag dat de spin weg was. Ik was zo opgelucht! Ik ging terug naar beneden en besloot naar buiten te gaan om de **achtertuin te verkennen**. Hij was zo groot! Ik kon het niet geloven. Ik zag een schommel in de hoek en een glijbaan. Ik zag ook een basketbalnet en een **trampoline**. Ik was zo opgewonden!

Ik kan niet wachten om al deze nieuwe spullen te gebruiken. De **buren** kwamen langs en stelden zich voor. Ze leken erg aardig, en we hebben een tijdje gepraat. Ze nodigden me uit voor hun BBQ volgend

mājā man bija lieliska, un es esmu sajūsmā par visiem jaunajiem piedzīvojumiem, kas man priekšā. Šodien es atkal iešu izpētīt pagalmu un paskatīties, ko vēl varu atrast. Kas zina, varbūt es pat atradīšu kādu **dārgumu**. Es nevaru vien sagaidīt, ko nesīs nākamā nedēļa! Nākamajā nedēļā es atkal devos izpētīt pagalmu un atradu **slepeno** dārzu. Tas bija tik skaists! Visur bija puķes un mazs dīķis ar zivīm. Es ieraudzīju arī šūpoles, ko iepriekš nebiju redzējusi. Es biju tik sajūsmināta, ka atradu šo slepeno dārzu, un es nevaru sagaidīt, kad to izpētīšu vēl. Tas bija tik **skaists**!

Visur bija puķes un neliels dīķis ar zivīm. Es redzēju arī **šūpoles,** ko iepriekš nebiju redzējis. Es biju tik sajūsmināta, ka atradu šo slepeno dārzu, un nevaru vien sagaidīt, kad to izpētīšu vēl vairāk. Man ļoti patika arī mana jaunā istaba. Tā bija tik liela un gaiša, un uz sienām jau bija izvietoti manu mīļāko grupu plakāti. Man pat nebija jāņem līdzi savas **mēbeles,** jo šeit jau bija gulta, kumode un rakstāmgalds. Šis būs labākais gads! Biju nedaudz uztraucies, sākot mācības jaunā **skolā,** bet visi mani jaunie kaimiņi ir tik draudzīgi. Es pat iepazinos ar meiteni, kas dzīvo kaimiņos, un viņa teica, ka pirmajā dienā iet uz skolu kopā ar mani.

weekend, en ik zei dat ik graag zou komen. Ik had een geweldige eerste week in mijn nieuwe huis, en ik ben opgewonden over alle nieuwe avonturen die in het verschiet liggen. Vandaag ga ik weer op verkenning in de achtertuin en kijken wat ik nog meer kan vinden. Wie weet, misschien vind ik wel een **schat**. Ik kan niet wachten om te zien wat de volgende week brengt!
De volgende week ging ik weer op verkenning in de achtertuin, en ik vond een **geheime** tuin. Het was zo mooi! Er waren overal bloemen en een kleine vijver met vissen erin. Ik zag ook een schommel die ik nog niet eerder had gezien. Ik was zo opgewonden toen ik deze geheime tuin vond, en ik kan niet wachten om hem verder te verkennen. Het was zo **mooi**!

Er waren overal bloemen en een kleine vijver met vissen erin. Ik zag ook een **schommel** die ik nog niet eerder had gezien. Ik was zo opgewonden toen ik deze geheime tuin vond, en ik kan niet wachten om hem verder te verkennen. Ik vond mijn nieuwe kamer ook geweldig. Hij was zo groot en licht, en er hingen al posters van mijn favoriete bands aan de muur. Ik hoefde niet eens mijn eigen **meubels** mee te nemen, want er stonden al een bed, een dressoir en een bureau. Dit wordt het beste jaar ooit! Ik was een beetje nerveus om op een nieuwe **school** te beginnen, maar al mijn nieuwe buren zijn zo vriendelijk. Ik heb zelfs een meisje ontmoet dat naast me woont, en ze zegt dat ze op mijn eerste dag met me naar school zal lopen.

Izpratnes jautājumi

1. Kur persona dzīvo?

2. Kā cilvēkam patīk jaunajā mājoklī?

3. Kāda ir personas mīļākā jaunā mājokļa daļa?

4. Ko cilvēks atrada dārzā?

5. Kas ir kaimiņi?

6. Kā cilvēks jutās pirmajās dienās jaunajā mājoklī?

7. Kāda ir personas mīļākā jaunās istabas daļa?

8. Ko šī persona plāno darīt rīt?

9. Kāda bija labākā daļa no pirmās nedēļas jaunajā mājoklī?

10. Kas viss ir personas jaunajā istabā?

Begrip vragen

1. Waar woont de persoon?

2. Hoe vindt de persoon het in het nieuwe huis?

3. Wat is het favoriete deel van het nieuwe huis van de persoon?

4. Wat heeft de persoon in de tuin gevonden?

5. Wie zijn de buren?

6. Hoe voelde de persoon zich de eerste dagen in het nieuwe huis?

7. Wat is het favoriete deel van de nieuwe kamer van de persoon?

8. Wat is de persoon van plan morgen te doen?

9. Wat was het beste deel van de eerste week van de persoon in het nieuwe huis?

10. Wat is er allemaal in de nieuwe kamer van de persoon?

Vilcienā

Es aizskrēju uz dzelzceļa staciju, bet biju par vēlu. Vilciens jau bija aizbraucis bez manis. Es jutos tik **dusmīga** un **vīlusies** sevī. Biju plānojusi ar vilcienu doties pie vecvecākiem, kuri dzīvo laukos, bet tagad man nāksies veselu stundu gaidīt nākamo vilcienu. Tā vietā es nolēmu kādu laiku pastaigāties pa pilsētu un mēģināju aizmirst par neizmantoto iespēju. Ejot es sāku **sapņot par** visām tām vietām, kur **vilcieni** var aizvest. Pēkšņi es vairs nebiju tik satraukta. Es devos atpakaļ uz staciju un nevarēju nepamanīt lielo sarkanbaltsarkano, baltsarkano un zilo lokomotīvi, kas traucās man pa priekšu. Tikai tad, kad ieraugu **konduktoru, kas** man pamāja no loga, saprotu, ka šis vilciens ir domāts man. Es iekāpju vilcienā un atrodu savu vietu, iekārtojos, lai sagaidītu garu braucienu.

Kad izbraucam no stacijas, es nevaru nedomāt, kur šis vilciens mani aizvedīs. Cauri zaļiem **laukiem** un pāri zilajām upēm, garām kalniem un ielejām - nav zināms, kur šis vecais vilciens aizvedīs. Kad nakts sāk krāties, es ieslīgstu **mierīgā** miegā, nomierināts ar vagonu **ritmisko** kustību uz sliedēm zem sliedēm. Kad atkal pienāk rīts, atveru acis un redzu, ka esam ieradušies mazā pilsētiņā kaut kur nekurienes vidū. Saule tikko uzspīd pāri horizontam, kad vietējie iedzīvotāji sāk

In de trein

Ik rende naar het treinstation, maar ik was te laat. De trein was al vertrokken zonder mij. Ik voelde me zo **boos** en **teleurgesteld** in mezelf. Ik was van plan om met de trein naar mijn grootouders te gaan die op het platteland wonen, maar nu moest ik een heel uur wachten op de volgende trein. Ik besloot in plaats daarvan een eindje door de stad te lopen en probeerde mijn gemiste kans te vergeten. Terwijl ik liep, begon ik **te dagdromen** over alle plaatsen waar **treinen** je kunnen brengen. Plotseling was ik niet meer zo van streek. Ik liep terug naar het station en zag de grote rood-wit-blauwe locomotief die op me af kwam rijden. Pas als ik de **conducteur** vanuit het raam naar me zie zwaaien, realiseer ik me dat deze trein voor mij is. Ik stap in de trein en zoek een zitplaats. Ik ga zitten voor wat een lange reis belooft te worden.

Terwijl we het station uitrijden, vraag ik me af waar deze trein me heen zal brengen. Door groene **velden** en over blauwe rivieren, langs bergen en valleien, het is niet te zeggen waar deze oude trein heen zal gaan. Als de nacht begint te vallen, drijf ik weg in een **vredige** slaap, gewiegd door de **ritmische** beweging van de wagons op de sporen beneden. Als het weer ochtend wordt, open ik mijn ogen en zie dat we in een klein stadje

rosīties pa galveno ielu; šeit izskatās kā jebkurā citā dienā, izņemot vienu - pie pilsētas domes ir izvietota liela izkārtne ar uzrakstu "Laipni lūgti uz klāja!". Šķiet, ka šī mazpilsēta mūs ir gaidījusi, lai gan mēs esam tikai parasts **pasažieru** vilciens, kas brauc cauri pa ceļam citur. Kad mēs atkal atstājam pilsētu aiz muguras un dodamies nezin kur tālāk, es smaidu par visām draudzīgajām sejām, kas atvadās no mazajām mājām, kas iespraukušās starp **lauksaimniecības zemēm, -** patiešām ir apbrīnojami, kā kaut kas tik šķietami parasts var sagādāt tik daudz prieka, vienkārši braucot garām. Un tad, protams, ir **bērni**.

Izliecos pa lokomotīves logu. Viņi mani vienmēr dara tik laimīgu ar savām mirdzošajām acīm un lielajiem smaidiem. Es enerģiski pamāju viņiem atpakaļ, pirms atgriežos savā **kabīnē** un apsēžos. Šī jau ir bijusi gara diena, bet tā vēl nav beigusies; vēl ir atlikušas dažas stundas, līdz mēs sasniegsim **galamērķi**. Izvelku grāmatu un sāku lasīt, ļaujot vilciena ritmiskajai šūpošanai mani iemidzināt mierīgā stāvoklī. Ik pa brīdim palūkojos uz ārā redzamo ainavu - tā nekad nenoveco, lai cik reizes to redzētu. Beidzot nakts sāk krāties, un tālumā sāk parādīties **mirgojošas** gaismas; mēs jau tuvojamies. Drīz vien mēs iebraucam stacijā un apstājamies.

ergens in niemandsland zijn aangekomen. De zon komt net boven de horizon als de plaatselijke bevolking zich in de hoofdstraat begint te mengen; het ziet er hier uit als elke andere dag, behalve één ding - er hangt een groot bord bij het stadhuis met de tekst "Welkom aan boord!" Het lijkt erop dat dit stadje ons verwacht, ook al zijn we maar een gewone passagierstrein op doorreis naar elders. Terwijl we de stad weer achter ons laten, op weg naar wie weet waar, glimlach ik om al die vriendelijke gezichten die ons uitzwaaien vanuit die kleine huisjes tussen **het boerenland -** het is echt verbazingwekkend hoe iets dat zo gewoon lijkt, zoveel vreugde kan brengen door er gewoon langs te rijden. En dan, natuurlijk, zijn er de **kinderen**.

Ik leun uit het raam van mijn locomotief. Ze maken me altijd zo blij met hun stralende ogen en grote grijnzen. Ik zwaai energiek naar ze terug voordat ik terugga naar mijn **cabine** en ga zitten. Het was al een lange dag, maar hij is nog niet voorbij; het duurt nog een paar uur voordat we onze **eindbestemming** bereiken. Ik pak mijn boek en begin te lezen, terwijl het ritmische schommelen van de trein me in een vredige toestand brengt. Af en toe kijk ik op naar het landschap dat buiten aan me voorbijtrekt - het verveelt nooit, hoe vaak ik het ook zie. Uiteindelijk begint de nacht te vallen en verschijnen er **twinkelende** lichtjes in de verte; we komen nu in de buurt. Snel genoeg rijden we het station binnen en komen tot stilstand.

Izpratnes jautājumi

1. Kur brauc vilciens?

2. Kas brauc vilcienā?

3. Kad atiet vilciens?

4. Kā galvenais varonis nokļūst vilcienā?

5. No kurienes brauc vilciens?

6. Kur vilciens brauc tālāk?

7. Kad ieradās pasažieri?

8. Kā jūtas galvenais varonis, kad viņš nokavē vilcienu?

9. Kā reaģē vilciena mašīnists, ieraugot galveno varoni?

10. Kāpēc galvenajam varonim patīk vilcieni?

Begrip vragen

1. Waar gaat de trein heen?

2. Wie reist er met de trein?

3. Wanneer vertrekt de trein?

4. Hoe komt de hoofdpersoon op de trein?

5. Waar komt de trein vandaan?

6. Waar gaat de trein nu heen?

7. Wanneer zijn de passagiers aangekomen?

8. Hoe voelt de hoofdpersoon zich als hij de trein mist?

9. Hoe reageert de treinmachinist als hij de hoofdpersoon ziet?

10. Waarom houdt de hoofdpersoon van treinen?

Vakariņu gatavošana

Ir 17.00, un es eju mājās no darba. Es **gaidu** mierīgu vakaru mājās kopā ar savu partneri. Mēs kopā gatavosim vakariņas un pēc tam atlikušo vakara daļu vienkārši atpūtīsimies. Labi ir apzināties, ka **šovakar** man nav nekādu plānu vai pienākumu. Es ierodos mājās, un mans partneris jau ir virtuvē un sāk gatavot vakariņas. Šeit smaržo **brīnišķīgi!** Gatavojot mēs sarunājamies, pārrunājam viens otra dienas un dalāmies mazos stāstiņos no darba dzīves. Virtuve ir mana mīļākā telpa mūsu dzīvoklī. Man patīk gatavot, un īpaši patīk gatavot kopā ar partneri. Mēs vienmēr šeit labi pavadām laiku, smejamies un jokojam, kamēr gatavojam ēst. Turklāt, kad strādājam **kopā,** ēdiens vienmēr ir **lielisks**.

Šovakar mēs gatavojam vienu no manām visu laiku mīļākajām receptēm: **vistas** parmezānu. Mans partneris sāk ar vistas cepšanu, kamēr es uz **plīts** vārīšu mērci. Mēs strādājam kopā kā labi ieeļļota mašīna, un drīz vien vakariņas ir gatavas pasniegšanai. Mēs apsēžamies pie mūsu mazā virtuves galdiņa ar **šķīvjiem, kas** pilni ar parmezāna vistu, makaroniem un salātiem. Mēs noskandinām glāzes un pirmo reizi iekost, un tas ir **debešķīgi**! Vistas gaļa ir kraukšķīga no ārpuses, bet sulīga iekšpusē; mērce ir aromātiska un perfekta; makaroni ir pagatavoti al dente... viss šovakar

Diner koken

Het is nu 5 uur 's middags en ik loop van mijn werk naar huis. Ik kijk **uit** naar een rustige avond thuis met mijn partner. We zullen samen eten koken en dan de rest van de avond ontspannen. Het voelt goed om te weten dat ik deze **avond** geen plannen of verplichtingen heb. Ik kom thuis en mijn partner is al in de keuken om ons eten klaar te maken. Het ruikt hier geweldig! We kletsen terwijl we koken, praten bij over elkaars dagen en delen kleine verhalen uit ons werkleven. De keuken is mijn favoriete kamer in ons appartement. Ik hou van koken, en vooral van koken met mijn partner. We hebben het hier altijd zo gezellig, we lachen en maken grapjes terwijl we koken. En het eten is altijd **heerlijk** als we **samenwerken**.

Vanavond maken we een van m'n lievelingsrecepten: Parmezaanse kip. Mijn partner begint met het paneren van de kip, terwijl ik de saus op het **fornuis** laat pruttelen. We werken samen als een goed geoliede machine en al snel is het eten klaar om op te dienen. We gaan aan onze kleine keukentafel zitten met **borden** vol met Parmezaanse kip, pasta en salade. We klinken op de glazen en nemen onze eerste hap, en het is **hemels**! De kip is knapperig van buiten maar sappig van binnen; de saus is smaakvol en perfect; de pasta is al dente gekookt... alles smaakt absoluut

garšo pilnīgi perfekti. Mēs abi zinām, ka šis bija viens no tiem vakariem, kad viss vienkārši lieliski sanāca kopā, jo mēs **izbaudām** katru gardās maltītes kumosu. Tas garšoja vēl labāk, nekā smaržoja - kas bija diezgan labi! Mēs samērā ātri pabeidzam maltīti, jo neviens no mums šodien nav īpaši izsalcis, bet mēs nesteidzīgi baudām vēl dažas vīna gl**āzes,** viegli tērzējot par šo un to tēmu. Pēc vakariņām mēs kopā ātri sakopjam un tad pārceļamies uz viesistabu, kur kādu laiku pavadām, **apguļoties** uz dīvāna un skatoties televizoru.

Tā ir tik jauka sajūta, ka pēc garas **darba** dienas esam viens otra tuvumā. Es jūtos apmierināta. Lai gan vakars nebija bagāts ar notikumiem, bija patīkami vienkārši pavadīt laiku kopā, neizejot no mājas. Mēs noskatījāmies filmu un agri devāmies gulēt, jūtoties **apmierināti** ar mūsu vienkāršo vakaru. Šī ir kļuvusi par vienu no mūsu **iecienītākajām** nodarbēm vakaros, kad nevēlamies doties ārā - vienkārši atpūsties mājās un baudīt viens otra sabiedrību pie mājās gatavotas maltītes. Vienmēr ir patīkami zināt, ka varam atgriezties šeit pēc garas dienas un vienkārši būt paši ar sevi. **Galu galā** mēs abi sākam zīst, tāpēc nolemjam doties uz augšu uz gultu, kur mazliet lasām, pirms saspiežamies zem segas un mierīgi aizmigstam.

perfect vanavond. We weten allebei dat dit een van die avonden was waarop alles perfect samenkwam en we **genieten van** elke laatste hap van onze heerlijke maaltijd. Het smaakte nog beter dan het rook, en dat was verdomd goed! We eten relatief snel, omdat geen van ons beiden vandaag honger heeft, maar we nemen de tijd om nog een paar **glazen** wijn te drinken terwijl we luchtig kletsen over van alles en nog wat. Na het eten ruimen we snel samen op en gaan dan naar de woonkamer, waar we een poosje **knuffelen** op de bank terwijl we TV kijken.

Het voelt zo fijn om dicht bij elkaar te zijn na een lange dag apart **werken**. Ik voel me voldaan. Ook al hadden we geen avond vol belevenissen, het was fijn om gewoon wat tijd met elkaar door te brengen zonder het huis uit te hoeven. We keken een film en gingen vroeg naar bed, met een **voldaan** gevoel over onze eenvoudige avond. Dit is een van onze **favoriete** dingen geworden om te doen op avonden dat we niet uit willen gaan - gewoon thuis ontspannen en genieten van elkaars gezelschap tijdens een zelfgekookte maaltijd. Het is altijd fijn om te weten dat we hier na een lange dag kunnen terugkomen en gewoon onszelf kunnen zijn. **Uiteindelijk** beginnen we allebei te geeuwen, dus besluiten we naar boven naar bed te gaan, waar we nog wat lezen voordat we dicht tegen elkaar aankruipen onder de dekens en heerlijk in slaap vallen.

Izpratnes jautājumi

1. No kurienes nāk stāstnieks?

2. Ko stāstītājs dara pēc darba?

3. Ko stāstītājs ēd vakariņās?

4. Kāpēc stāstniekam patīk virtuve?

5. Kādu ēdienu pāris gatavo?

6. Kā stāstītājs jūtas vakara beigās?

7. Kāda ir pāra iecienītākā nodarbe?

8. Ko pāris dara, kad ir noguris?

9. Kur viņi guļ?

10. Kāpēc stāstniekam patīk palikt mājās?

Begrip vragen

1. Waar komt de verteller vandaan?

2. Wat doet de verteller na het werk?

3. Wat eet de verteller als avondeten?

4. Waarom houdt de verteller van de keuken?

5. Wat voor gerecht kookt het stel?

6. Hoe voelt de verteller zich aan het eind van de avond?

7. Wat is het favoriete ding van het koppel om te doen?

8. Wat doet het stel als ze moe worden?

9. Waar slapen ze?

10. Waarom blijft de verteller graag thuis?

Pastaiga mājās

Tas bija **mierīgs** vakars, kad es gāju mājās no darba. Ejot es nevarēju nesmaidīt, bet smaidīju atmiņās. Bija patīkami atgriezties savā vecajā rajonā. Es pamāju dažiem pazīstamiem cilvēkiem, un viņi man pamāja pretī. Bija labi būt mājās. Es gāju garām savai vecajai skolai un **atcerējos** visus labos brīžus, kas man bija kopā ar draugiem. Mēs vienmēr kopā gājām mājās un runājām par savu dienu. **Reizēm** mēs apstājāmies, lai nopirktu saldējumu vai aizietu uz parku. Tie bija labākie laiki. Man pietrūkst šo laiku. Bet tagad man ir sava ģimene, un es esmu apmierināta ar savu dzīvi. Es priecājos, ka varu atskatīties uz šīm atmiņām un smaidīt. Tās ir daļa no manas dzīves, ko es vienmēr loloju. Tie bija vislabākie laiki. Man pietrūkst šo laiku. Bet tagad man ir sava ģimene, un es esmu apmierināts ar savu dzīvi. Es priecājos, ka varu atskatīties uz šīm **atmiņām** un smaidīt. Tās ir daļa no manas dzīves, ko es vienmēr loloju.

Es turpinu iet, domājot par labajiem brīžiem, kas man bija kopā ar draugiem. Es zinu, ka drīz atkal viņus ieraudzīšu. Es dodos mājup un nolemju pastaigāties pa netālu esošo parku. Saule jau riet, un debesis iekrāsojas **skaistā** oranžā krāsā. Parks ir tukšs, izņemot dažus putnus, kas čivina kokos. Es dziļi **ieelpoju** un

Walking Home

Het was een **rustige** avond toen ik van mijn werk naar huis liep. Terwijl ik liep, kon ik niet anders dan glimlachen bij de herinneringen. Het voelde goed om terug in mijn oude buurt te zijn. Ik zwaaide naar een paar mensen die ik kende, en zij zwaaiden terug. Het was goed om thuis te zijn. Ik liep langs mijn oude school en **herinnerde me** alle leuke tijden die ik had met mijn vrienden. We liepen altijd samen naar huis en praatten over onze dag. **Soms** stopten we om een ijsje te halen of gingen we naar het park. Dat waren de beste tijden. Ik mis die tijden. Maar nu heb ik mijn eigen familie en ik ben blij met mijn leven. Ik ben blij dat ik op die herinneringen kan terugkijken en glimlachen. Ze zijn een deel van mijn leven dat ik altijd zal koesteren. Dat waren de beste tijden. Ik mis die tijden. Maar nu heb ik mijn eigen familie en ben ik gelukkig met mijn leven. Ik ben blij dat ik kan terugkijken op die **herinneringen** en kan glimlachen. Ze zijn een deel van mijn leven dat ik altijd zal koesteren.

Ik blijf lopen, denkend aan de goede tijden die ik had met mijn vrienden. Ik weet dat ik ze snel weer zal zien. Ik ga richting mijn huis en besluit door een park in de buurt te lopen. De zon gaat onder en de lucht kleurt **prachtig** oranje. Het park is leeg, behalve een

pasmaidu. Ejot cauri parkam, es redzu, kā debesīs izšaujas krītoša zvaigzne. Es izsaku šai zvaigznei vēlēšanos un turpinu iet. Es domāju par savu dienu darbā un par to, cik **mierīga** tā bija. Es smaidu sev, domājot par to, cik man ir paveicies, ka man ir tik lielisks darbs. Es eju mājās, **sajūtot** vēso nakts gaisu uz ādas. Es jūtos tik dzīva un laimīga, vienkārši izbaudot vienkāršo pastaigu mierīgā naktī.
Es jutos tik labi, ka sāku **svilpt**. Es gāju garām dažiem cilvēkiem uz ielas, bet viņi visi pievērsās savām lietām.

Es pagriezos pagriezienā uz savu ielu un ieraudzīju kaimiņu kaķi Viskera kungu, kas sēdēja uz verandas. Es viņam sasveicinājos, un viņš miauņāja pretī. Es **atbloķēju** durvis un iegāju iekšā. Es biju tik laimīga, ka esmu mājās. Es novilku kurpes un gatavojos gulēt. Tajā vakarā es gulēju, jūtoties laimīga un pateicīga, mana sirds bija pilna mīlestības. Visu nakti gulēju mierīgi, par neko neuztraucoties. Es pamodos no mierīga miega, un mani **sagaidīja** saule, kas spīdēja pa logu. Es izkāpu no gultas un izstaipījos, dziļi ieelpojot un sajūtot, kā plaušas piepilda vēss gaiss. Es piegāju pie loga un paskatījos ārā, dzirdot putnu čivināšanu un **vāveru** rotaļas. Es pasmaidīju un devos ģērbties, jūtoties laimīga un apmierināta.

paar vogels die in de bomen tjilpen. Ik haal diep **adem** en glimlach. Terwijl ik door het park loop, zie ik een vallende ster door de lucht scheren. Ik doe een wens op die ster, en loop verder. Ik denk aan mijn dag op het werk en hoe **vredig** het was. Ik glimlach in mezelf, denkend aan hoe gelukkig ik ben dat ik zo'n geweldige baan heb. Ik loop naar huis en **voel** de koele nachtlucht op mijn huid. Ik voel me zo levendig en gelukkig, gewoon genietend van de eenvoudige handeling van het naar huis lopen op een vredige avond.
Ik voelde me zo goed, dat ik begon te **fluiten**. Ik liep langs een paar mensen op straat, maar ze bemoeiden zich allemaal met hun eigen zaken.

Ik draaide de hoek van mijn straat om en zag de kat van mijn buren, Mr. Whiskers, op mijn veranda zitten. Ik zei hem gedag en hij miauwde terug. Ik **deed** mijn deur **van het slot** en ging naar binnen. Ik was zo blij om thuis te zijn. Ik trok mijn schoenen uit en maakte me klaar om naar bed te gaan. Ik ging die avond naar bed met een blij en dankbaar gevoel, mijn hart vol liefde. Ik sliep de hele nacht rustig door, zonder me ergens zorgen over te maken. Ik werd wakker uit een rustgevende slaap en werd **begroet** door de zon die door mijn raam naar binnen scheen. Ik stapte uit bed en rekte me uit, haalde diep adem en voelde hoe de koele lucht mijn longen vulde. Ik liep naar mijn raam en keek naar buiten, hoorde de vogels kwetteren en de **eekhoorns** spelen. Ik glimlachte en kleedde me aan, blij en tevreden.

Izpratnes jautājumi

1. Ko darīja galvenais varonis, kad stāsts sākās?

2. Par ko varonis domāja, ejot mājās?

3. Ko galvenais varonis mēdza darīt ar draugiem pēc skolas?

4. Kas varonim pietrūkst no tiem laikiem?

5. Ko galvenais varonis domā par savu pašreizējo dzīvi?

6. Ko dara galvenais varonis, ieraugot krītošu zvaigzni?

7. Kā jūtas galvenais varonis, ejot mājās?

8. Ko dara galvenais varonis, kad viņi atgriežas mājās?

9. Kā jūtas galvenais varonis, pamostoties nākamajā rītā?

10. Ko galvenais varonis dara nākamajā dienā?

Begrip vragen

1. Wat was de hoofdpersoon aan het doen toen het verhaal begon?

2. Waar dacht de hoofdpersoon aan toen hij naar huis liep?

3. Wat deed de hoofdpersoon vroeger met vrienden na school?

4. Wat mist de hoofdpersoon van die tijd?

5. Wat vindt de hoofdpersoon van zijn huidige leven?

6. Wat doet de hoofdpersoon als hij een vallende ster ziet?

7. Hoe voelt de hoofdpersoon zich als ze naar huis lopen?

8. Wat doet de hoofdpersoon als ze thuiskomen?

9. Hoe voelt de hoofdpersoon zich als hij de volgende ochtend wakker wordt?

10. Wat doet de hoofdpersoon de volgende dag?

Pils

Ģimene vienmēr bija vēlējusies apmeklēt kādu vecu pili **Vācijā,** un beidzot viņi devās ceļojumā. Viņi nebija **vīlušies**. Pils bija skaista, un viņiem patika izpētīt tās daudzās telpas un gaiteņus. Pirmais, kas viņus pārsteidza, bija smarža. Viņi atklāja **pelējumu**, mitrumu un vēl kaut ko tādu, ko viņi nevarēja precīzi noteikt. Otra lieta bija skaņa. Akmens sienas ir biezas, taču tās pilnībā nenomāca skaņu. Viņi dzirdēja katru kājas soli, katru normālā balsī izrunātu vārdu un reizēm arī ūdens pilēšanu **kaut kur** tālumā. Kad acis pielāgojās vājajai gaismai, viņi ieraudzīja, ka visapkārt paceļas masīvas akmens sienas, no kurām **saplēstās** drēbēs karājas gobelēni. Viņi stāvēja milzīgā zālē ar augstiem griestiem, ko balstīja cirsti pīlāri. Viņiem patika arī skats no tornīšiem, un bērni lieliski pavadīja laiku, skrienot pa teritoriju. Kad viņi pabeidza pils apskati, **saule jau** bija sākusi rietēt, un viņi nožēloja, ka nebija paņēmuši līdzi **lukturīti**. Viņi nolēma doties atpakaļ pie ieejas, bet drīz vien apmaldījās. Viņiem šķita, ka viņi klīst apkārt stundām ilgi, līdz beidzot viņi nonāca pie durvīm, kas veda ārā. Viņi turpināja ceļu, līdz **nonāca** halles galā un nonāca pie iespaidīgām dubultdurvīm. Lai arī kā viņi centās, durvis neaizvērās. Tās **draudīgi grabēja,** bet nekustējās ne par collu. Izskatījās, ka tas, kas šeit bija pirms tam, droši vien bija izgājis cauri un aizslēdzis tās no iekšpuses. Galu galā viņi atrada izeju. Viņus

Het kasteel

De familie had altijd al eens een oud kasteel in **Duitsland** willen bezoeken, en eindelijk hebben ze de reis gemaakt. Ze werden niet **teleurgesteld**. Het kasteel was prachtig, en ze genoten van het verkennen van de vele kamers en gangen. Het eerste wat hen trof was de geur. Ze vonden **schimmel**, vochtigheid, en iets anders waar ze hun vinger niet op konden leggen. Het tweede was het geluid. Stenen muren zijn dik, maar ze dempen het geluid niet volledig. Ze hoorden elke voetstap, elk woord dat met een normale stem werd gesproken, en af en toe een druppeltje water **ergens** in de verte. Toen hun ogen zich aanpasten aan het zwakke licht, zagen zij overal om hen heen massieve stenen muren opdoemen, waaraan wandtapijten in flarden hingen. Ze stonden in een enorme hal met een hoog plafond, ondersteund door gebeeldhouwde pilaren. Ze hielden ook van het uitzicht vanaf de torentjes, en de kinderen vermaakten zich met rondrennen over het terrein. De **zon** begon al onder te gaan tegen de tijd dat ze klaar waren met het verkennen van het kasteel, en ze betreurden het dat ze geen **zaklamp** hadden meegenomen. Ze besloten om terug te gaan naar de ingang, maar al snel waren ze verdwaald. Ze dwaalden urenlang rond, tot ze eindelijk een deur tegenkwamen die naar buiten leidde. Ze liepen door tot ze **aan het** eind van de gang

pārņēma atvieglojums, kad viņi izgāja vēsajā nakts gaisā.

Saule bija sākusi rietēt, un viņi **nožēloja, ka** nebija paņēmuši līdzi lukturīti. Viņi nolēma atgriezties pie ieejas, taču drīz vien apmaldījās. Viņiem šķita, ka viņi klīst apkārt stundām ilgi, līdz beidzot viņi nonāca pie durvīm, kas veda **ārā**. Viņus pārņēma atvieglojums, kad viņi izgāja vēsajā nakts gaisā. Nākamajā vakarā viņi pārliecinājās, ka, pētot pārējo pili, līdzi paņemts lukturītis. Viņi gāja cauri **pagalmam** un lejup līdz upei, kas tecēja aiz **pils** mūriem. Staigājot apkārt, viņi sāka dzirdēt dīvainus trokšņus. Izklausījās tā, it kā kāds viņiem sekotu. Viņi paātrināja soli, bet trokšņi kļuva arvien skaļāki un tuvāki. Ģimene skrēja atpakaļ uz pili, cik ātri vien spēja, un viņi ar atvieglojumu konstatēja, ka tēls **tumšajā apmetnī** viņiem nav sekojis.

kwamen bij een imposant stel dubbele deuren. Hoe ze ook probeerden, de deuren wilden niet bewegen. Ze rammelden **onheilspellend**, maar bewogen geen centimeter. Het leek erop dat degene die hier eerder was, hier doorheen was gegaan en ze van binnenuit had afgesloten. Uiteindelijk vinden ze een uitweg. Opluchting overspoelde hen toen ze naar buiten stapten in de koele nachtlucht.

De zon begon onder te gaan en zij **betreurden het** dat zij geen zaklamp hadden meegenomen. Ze besloten terug te gaan naar de ingang, maar al gauw waren ze verdwaald. Ze dwaalden urenlang rond, tot ze eindelijk een deur tegenkwamen die **naar buiten** leidde. Opluchting overviel hen toen ze naar buiten stapten in de koele nachtlucht. De volgende avond namen ze een zaklamp mee om de rest van het kasteel te verkennen. Ze liepen over de **binnenplaats** en naar de rivier die achter de kasteelmuren stroomde. Terwijl ze rondliepen, begonnen ze vreemde geluiden te horen. Het klonk alsof iemand hen volgde. Ze versnelden hun pas, maar de geluiden werden luider en dichterbij. De familie rende zo snel als ze konden terug naar het kasteel, en ze waren opgelucht toen ze zagen dat de figuur in de **donkere** mantel hen niet was gevolgd.

Izpratnes jautājumi

1. Ko ģimene darīja, kad viņi pazuda pilī?

2. Kā jutās ģimene, kad uzzināja, ka tas bija tikai vietējais cilvēks?

3. Ko vīrietis izdarīja, par ko viņu arestēja?

4. Kāds sods tika piespriests šim vīrietim?

5. Kādu troksni ģimene dzirdēja pastaigas laikā?

6. Kur bija tēls tumšajā apmetnī, kad ģimene viņu ieraudzīja?

7. Ko ģimene darīja, kad atgriezās savā istabā?

8. Kad ģimene atkal devās izpētīt pili?

9. Kas bija tas, ko ģimene nevarēja noskaidrot?

10. Ko ģimene darīja, pirms atkal devās izpētīt pili?

Begrip vragen

1. Wat deed de familie toen ze verdwaald waren in het kasteel?

2. Hoe voelde de familie zich toen ze erachter kwamen dat het gewoon een lokale man was?

3. Wat heeft de man gedaan waardoor hij gearresteerd is?

4. Wat was de straf voor de man?

5. Welk geluid hoorde de familie tijdens de wandeling?

6. Waar was de figuur in de donkere mantel toen de familie hem zag?

7. Wat deed de familie toen ze terugkwamen in hun kamer?

8. Wanneer ging de familie het kasteel weer verkennen?

9. Wat was het ding waar de familie hun vinger niet op konden leggen?

10. Wat deed de familie voordat ze weer op verkenning gingen in het kasteel?

Mans dārzs

Mans dārzs ir mana laimes vieta. Es katru dienu, neatkarīgi no tā, vai līst vai spīd, dodos uz to un pavadu laiku, kopjot savus augus. Man ir no **visa pa druskai - dārzeņi**, augļi, ziedi, garšaugi. Man ir pat dažas vistas, kas palīdz ierobežot kaitēkļus. Savas dienas dārzā es sāku ar vistu olu vākšanu. Tad pārbaudu, vai dārzeņi saņem pietiekami daudz ūdens un saules. Es ravēju nezāles un izravēju visus kukaiņus, kas varētu **uzbrukt** augiem. Kad **viss ir sakopts,** es apsēžos un izbaudu dabas mieru un klusumu.

Man vienmēr ir paticis pavadīt laiku dārzā. Ir kaut kas tāds, kā būt dabas ieskautai un izbaudīt visu tās piedāvāto **skaistumu.** Man tā ir ļoti mierīga un nomierinoša vieta. Es bieži pavadu laiku savā dārzā, vienkārši atpūšoties un baudot ainavu. Man patīk arī strādāt savā dārzā un audzēt dažādas lietas. Man ir diezgan liels dārzs, un man patīk tajā audzēt **dažādas** lietas. Es audzēju puķes, **dārzeņus** un garšaugus. Man ir arī daži augļu koki, kas ražo gardus ābolus, bumbierus un plūmes. Papildus audzēšanai man patīk arī pavadīt laiku, vienkārši pastaigājoties pa dārzu un **apbrīnojot** dažādos augus un dzīvniekus, kas tajā dzīvo. Gadu gaitā esmu pavadījusi daudzas stundas, strādājot pie tā, lai mans **dārzs** kļūtu ne tikai skaists,

Mijn tuin

Mijn tuin is mijn geluksplek. Ik ga er elke dag heen, regen of zonneschijn, en besteed tijd aan het verzorgen van mijn planten. Ik heb een beetje van **alles: groenten**, fruit, bloemen, kruiden. Ik heb zelfs een paar kippen die helpen het ongedierte op afstand te houden. Ik begin mijn dagen in de tuin met het rapen van eieren bij de kippen. Dan controleer ik mijn groenten en zorg ervoor dat ze genoeg water en zon krijgen. Ik wied de bedden en verwijder insecten die de planten kunnen **aanvallen**. Als **alles** is gedaan, leun ik achterover en geniet van de rust en stilte van de natuur.

Ik heb altijd graag tijd doorgebracht in mijn tuin. Er is iets met het omringd zijn door de natuur en al het **moois** dat zij te bieden heeft. Ik vind het een heel vredige en kalmerende plek. Ik breng vaak tijd door in mijn tuin, gewoon om te ontspannen en te genieten van het landschap. Ik geniet er ook van om in mijn tuin te werken en dingen te kweken. Ik heb een behoorlijk grote tuin, en ik kweek er graag **verschillende** dingen in. Ik kweek bloemen, **groenten** en kruiden. Ik heb ook een paar fruitbomen die heerlijke appels, peren en pruimen voortbrengen. Naast het kweken van dingen, vind ik het ook leuk om gewoon in mijn tuin rond te lopen en de verschillende planten en dieren te

bet arī funkcionāls. Man patīk vērot, kā putni lido apkārt, un klausīties, kā tie dzied. Dažreiz es pat paņemu līdzi grāmatu un lasu dārzā, kamēr mani ieskauj viss manis radītais skaistums. **Dārzkopība** ir mana kaislība, un tā man sagādā tik daudz prieka. Katra diena manā dārzā ir laba diena.

Viena no lietām, ko es mīlu darīt, ir gatavot, tāpēc man ir ļoti **svarīgi, lai** man būtu labs garšaugu dārzs. Timiāns, baziliks, raudene, rozmarīns, salvija un lavanda ir tikai daži no garšaugiem, kurus man patīk audzēt savā dārzā, lai es tos varētu izmantot, gatavojot ēdienus sev vai **viesiem**. Vēl viena lieta, kas man ir svarīga dārzā, ir rūpēties par to, lai tajā būtu daudz krāsu. Lai sasniegtu šo mērķi, es audzēju visdažādākās puķes, tostarp **rozes,** lilijas, margrietiņas, tulpes, impatiens, kliņģerītes utt. Papildus krāsām, ko piešķir ziedi, man patīk dārzam piešķirt arī interesi, izmantojot dažādas **faktūras. Piemēram,** zem augstām saulespuķēm es varu iestādīt papardes vai hostas **blakus** asiem dekoratīvajiem zālaugiem. Neatkarīgi no tā, kas vēl notiek dzīvē, darbs dārzā vienmēr palīdz man justies vairāk saistītai ar dabu un mierā ar sevi.

bewonderen die er wonen. Ik heb in de loop der jaren vele uren besteed om van mijn **tuin** een plek te maken die niet alleen mooi is, maar ook functioneel. Ik kijk graag naar de vogels die rondfladderen en luister naar hun gezang. Soms haal ik zelfs een boek tevoorschijn en lees in de tuin terwijl ik omringd ben door al het moois dat ik heb gecreëerd. **Tuinieren** is mijn passie en het brengt me zoveel vreugde. Elke dag in mijn tuin is een goede dag.

Een van de dingen die ik graag doe is koken, dus een goed gevulde kruidentuin is erg **belangrijk** voor me. Tijm, basilicum, oregano, rozemarijn, salie en lavendel zijn slechts enkele van de kruiden die ik graag in mijn tuin kweek, zodat ik ze kan gebruiken bij het bereiden van maaltijden voor mezelf of voor **gasten**. Wat ik ook belangrijk vind in mijn tuin is dat er veel kleur in zit. Om dit doel te bereiken, kweek ik een grote verscheidenheid aan bloemen, waaronder **rozen**, lelies, madeliefjes, tulpen, impatiens, goudsbloemen, enz. Naast het toevoegen van kleur met bloemen, vind ik het ook leuk om verschillende **texturen te** gebruiken in de tuin. Zo plant ik bijvoorbeeld varens onder torenhoge zonnebloemen of hosta's **naast** stekelige siergrassen. Wat er verder ook aan de hand is in mijn leven, door in mijn tuin **te** werken voel ik me altijd meer verbonden met de natuur en in vrede met mezelf.

Izpratnes jautājumi

1. Kur ir autora dārzs?

2. Cik vistu ir autoram?

3. Ko autors katru dienu dara dārzā?

4. Kāpēc autoram patīk dārzs?

5. Kādus garšaugus autors stāda dārzā?

6. Kāpēc autoram ir svarīgi, ka viņa dārzā ir daudz krāsu?

7. Kā autors dažādo savu dārzu?

8. Kā autors jūtas, strādājot savā dārzā?

9. Kas liek autoram justies saistītam, kad viņš ir savā dārzā?

10. kāpēc katra diena autora dārzā ir laba diena?

Begrip vragen

1. Waar is de tuin van de auteur?

2. Hoeveel kippen heeft de schrijver?

3. Wat doet de schrijver elke dag in de tuin?

4. Waarom houdt de auteur van de tuin?

5. Welke kruiden plant de auteur in de tuin?

6. Waarom is het belangrijk voor de auteur dat er veel kleuren in zijn tuin zijn?

7. Hoe brengt de auteur afwisseling in zijn tuin?

8. Hoe voelt de schrijver zich als hij in zijn tuin werkt?

9. Waardoor voelt de auteur zich verbonden als hij in zijn tuin is?

10. Waarom is elke dag in de tuin van de auteur een goede dag?

Iepirkšanās

Man patīk **iepirkties tirdzniecības** centrā. Vienmēr ir tik jautri staigāt apkārt un apskatīt visus dažādos veikalus. Tirdzniecības centrā ikviens var atrast kaut ko sev, un tur vienmēr var atrast izdevīgus apģērbu, apavu un aksesuāru piedāvājumus. Es **parasti** savu iepirkšanās ceļojumu sāku, ejot cauri tirdzniecības centra galvenajai **ieejai.** No turienes es vispirms dodos uz saviem iecienītākajiem veikaliem. Pēc šo veikalu apskates es pastaigājos apkārt un noskaidroju, vai citās vietās nenotiek izpārdošanas. Parasti es tirdzniecības centrā pavadu pāris stundas, pirms beidzot veicu pirkumus. Iepērkoties man vienmēr patīk nesteigties, **jo** vēlos būt pārliecināta, ka iegādājos **tieši** to, ko vēlos. Turklāt tā ir daudz jautrāk!

Man vienmēr šķiet **aizraujoši** vērot cilvēkus, kad esmu tirdzniecības centrā. Pēc tā, kā cilvēks iepērkas, var daudz ko pateikt par cilvēku. Daži cilvēki ir ļoti metodiski un nesteidzas, bet citi, šķiet, vienkārši paķer **visu, ko vien** var, un dodas pie kases pēc iespējas ātrāk. Ir arī tādi pircēji, kuri, šķiet, ir vairāk ieinteresēti runāt pa mobilo tālruni vai rakstīt īsziņas, nevis aplūkot preces! Tomēr neatkarīgi no tā, kāds pircējs jūs esat, ikvienam šķiet, ka patīk iepirkties veikalos - pat ja jūs patiesībā neko nepērkat. Ir kaut kas tāds, kas mani dara laimīgu,

Gaan winkelen

Ik hou ervan om te gaan **winkelen** in het winkelcentrum. Het is altijd zo leuk om rond te lopen en naar alle verschillende winkels te kijken. Er is voor elk wat wils in het winkelcentrum, en het is altijd een geweldige plek om deals te vinden voor kleren, schoenen en accessoires. Ik begin mijn shoppingtrip meestal met een wandeling door de **hoofdingang** van het winkelcentrum. Van daaruit ga ik eerst naar mijn favoriete winkels. Na het bekijken van die winkels, loop ik rond en kijk of er een verkoop gaande is op andere plaatsen. Meestal ben ik wel een paar uur in het winkelcentrum voordat ik eindelijk mijn aankopen doe. Ik neem altijd graag mijn tijd als ik ga winkelen**, want** ik wil zeker weten dat ik **precies** krijg wat ik wil. Plus, het is gewoon leuker op die manier!

Ik vind het altijd zo **fascinerend** om mensen te kijken als ik in het winkelcentrum ben. Je kunt echt veel over een persoon vertellen door de manier waarop ze winkelen. Sommige mensen zijn heel methodisch en nemen hun tijd, terwijl anderen gewoon lijken te grijpen **wat** ze kunnen en zo snel mogelijk naar de kassa gaan. Er zijn ook shoppers die meer geïnteresseerd lijken te zijn in het praten op hun mobieltje of in sms'en dan in het bekijken van de koopwaar! Het maakt echter

skatoties uz visām skaistajām lietām veikalu **skatlogos.** Dažreiz es fantazēju par to, kā būtu, ja es varētu atļauties **visu, ko** redzu! Kopumā iepirkšanās dienas pavadīšana tirdzniecības centrā ir viena no manām mīļākajām izklaidēm. Tas ir lielisks veids, kā atpūsties un relaksēties, vienlaikus arī nedaudz izkustēties (ja pietiekami daudz staigājat). Turklāt **vienmēr ir** patīkami laiku pa laikam sevi palutināt ar jaunu kreklu vai kurpju pāri!

Man bija **gara** darba diena, un beidzot man bija brīvs laiks, tāpēc nolēmu doties iepirkties uz tirdzniecības centru. Man vajadzēja jaunas drēbes **gaidāmajai** sezonai. Tiklīdz iegāju iekšā, ieraudzīju visas spožās gaismas un spīdošās veikalu vitrīnas. Vispirms devos uz savu iecienītāko veikalu un sāku pārlūkot plauktus. Atradu dažus jaukus topus un pielaikoju tos ģērbtuvē. Skatoties uz sevi spogulī, es dzirdēju, ka kāds ienāk ģērbtuvē, kas atradās blakus manai. Es atpazinu, ka viņa balss ir viena no manām kolēģēm. Mēs sasveicinājāmies un sākām tērzēt par darbu. Pēc dažām minūtēm mēs abas pabeidzām darbu un devāmies **katrs savu** ceļu, bet vēlāk atkal satikāmies. Mēs turpinājām tērzēt un sapratām, ka mums ir vairāk kopīga, nekā domājām.

niet uit wat voor soort shopper je bent, iedereen lijkt te genieten van window shopping - zelfs als je niet echt iets koopt. Er is gewoon iets aan het kijken naar al die mooie dingen in de **etalages** dat me gelukkig maakt. Soms fantaseer ik over hoe het zou zijn als ik me **alles** kon veroorloven wat ik zie! Al met al is een dagje winkelen in het winkelcentrum een van mijn favoriete bezigheden. Het is een geweldige manier om te ontspannen en tot rust te komen, terwijl je ook een beetje beweging krijgt (als je maar genoeg rondloopt). Bovendien is het **altijd** leuk om jezelf af en toe te trakteren op een nieuw shirt of een paar schoenen!

Ik had een **lange** dag op het werk en had eindelijk wat tijd voor mezelf, dus besloot ik te gaan winkelen in het winkelcentrum. Ik had wat nieuwe kleren nodig voor het **komende** seizoen. Zodra ik binnenkwam, zag ik al die felle lichten en glimmende etalages. Ik ging eerst naar mijn favoriete winkel en begon door de rekken te snuffelen. Ik vond een paar leuke topjes en paste ze in de kleedkamer. Terwijl ik mezelf in de spiegel bekeek, hoorde ik iemand de kleedkamer naast de mijne binnenkomen. Ik herkende zijn stem als een van mijn collega's. We zeiden hallo en begonnen te kletsen over het werk. Na een paar minuten waren we allebei klaar en gingen we onze **eigen** weg, maar later kwamen we elkaar weer tegen. We praatten verder en beseften dat we meer gemeen hadden dan we dachten.

Izpratnes jautājumi

1. Kur jums visvairāk patīk uzglabāt?

2. Kāds ir jūsu iecienītākais veikals tirdzniecības centrā?

3. Cik ilgi jūs parasti uzturaties tirdzniecības centrā?

4. Ko jūs domājat par cilvēkiem, kuri daudz laika pavada tirdzniecības centrā?

5. Kāda ir jūsu iecienītākā nodarbe tirdzniecības centrā?

6. Vai esat kādreiz iegādājies kaut ko tirdzniecības centrā, lai gan tas jums īsti nebija vajadzīgs?

7. Kā jūs reaģējat, kad tirdzniecības centrā ieraugāt kaut ko tādu, kas jums ļoti patiktu, bet ir pārāk dārgs?

8. Vai esat kādreiz redzējuši kaut ko tirdzniecības centrā un domājuši, kas to nopirks?

9. Kāds ir jūsu viedoklis par cilvēkiem, kuri tirdzniecības centrā ir aizņemti ar mobilo tālruni, nevis apskata veikalus?

Begrip vragen

1. Waar sla je het liefst op?

2. Wat is je favoriete winkel in het winkelcentrum?

3. Hoe lang blijft u meestal in het winkelcentrum?

4. Wat vind je van mensen die veel tijd in het winkelcentrum doorbrengen?

5. Wat is uw favoriete bezigheid in het winkelcentrum?

6. Heb je ooit iets gekocht in het winkelcentrum terwijl je het niet echt nodig had?

7. Hoe reageert u als u in het winkelcentrum iets ziet dat u heel graag zou willen hebben, maar dat te duur is?

8. Heb je ooit iets in het winkelcentrum gezien en je afgevraagd wie het zou kopen?

9. Wat vindt u van mensen die in het winkelcentrum met hun mobieltje bezig zijn in plaats van naar de winkels te kijken?

Tirgū

Sestdienas rītā es pamostos agri no rīta, lai nokļūtu **tirgū,** pirms tas ir pārāk pārpildīts. Uzvelku drēbes un dodos ārā, pa ceļam paķerot savus vairākkārt lietojamos maisiņus. Ejot es sāku plānot, ko vēlos pagatavot nākamajai nedēļai. Zinu, ka vismaz vienu reizi gribu **cept** dārzeņus, tāpēc man būs jāiegādājas kvalitatīvi dārzeņi. Gribu pagatavot arī zupu vai sautējumu, tāpēc man vajadzēs iegādāties arī gaļu. Kad tur ieradīšos, man būs jāskatās, kas izskatās labs. Tirgus atrodas tikai dažu kvartālu attālumā, un es jau redzu izvietotos stendus un **ļaudis, kas** rosās apkārt.

Es ierodos tirgū un dodos uzreiz pie dārzeņu stenda. Izvēle ir skaista, un es piepildu savus maisiņus ar dažādiem **svaigiem** produktiem. Nedaudz aprunājos ar zemnieku, un viņš man iesaka dažas receptes. Es ar prieku tās izmēģinu. Iepērkoties es sarunājos ar **lauksaimniekiem, iepazīstot** viņus un viņu produktus. Pēc tam, kad esmu iegādājies visus man vajadzīgos dārzeņus, es dodos uz gaļas nodaļu. Šeit es esmu nedaudz svārstīgāks, jo neesmu pārliecināts, ko vēlos iegādāties. Galu galā izlemju izvēlēties vistas gaļu, jo tā ir universāla un to var izmantot dažādos ēdienos. Es arī pērku dažus dažādus gaļas gabalus, pārliecinoties, ka iegādājos ar zāli barotu liellopu gaļu un brīvās

Op de markt

Ik sta op zaterdagochtend vroeg op, popelend om naar de **markt te gaan** voordat het te druk wordt. Ik trek wat kleren aan en ga de deur uit, terwijl ik onderweg mijn herbruikbare tassen pak. Terwijl ik loop, begin ik te plannen wat ik de komende week wil maken. Ik weet dat ik minstens één keer groenten wil **roosteren**, dus ik moet wat groenten van goede kwaliteit kopen. Ik wil ook een soep of stoofpot maken, dus ik moet ook wat vlees kopen. Ik zal moeten kijken wat er goed uitziet als ik daar ben. De markt is maar een paar straten verderop, en ik zie de kraampjes al staan en de **mensen al rondlopen**.

Ik kom aan op de markt en ga meteen naar de groentekraam. Het aanbod is prachtig en ik vul mijn tassen met een verscheidenheid aan **verse** producten. Ik maak een praatje met de boer en hij raadt me een paar recepten aan. Ik ben enthousiast om ze uit te proberen. Ik maak een praatje met de **boeren** terwijl ik aan het winkelen ben en leer hen en hun producten kennen. Als ik alle groenten heb die ik nodig heb, ga ik naar de vleesafdeling. Ik aarzel een beetje, omdat ik niet zeker weet wat ik wil hebben. Uiteindelijk kies ik voor kip, omdat dat veelzijdig is en in allerlei gerechten kan worden gebruikt. Ik koop

turēšanas apstākļos audzētu **vistas gaļu**. Miesnieks bija draudzīgs cilvēks, vienmēr jautrs, neskatoties uz garajām darba stundām. Viņš iesaiņoja manas vistas krūtiņas un steiku, pirms aprunājās ar mani par saviem nedēļas nogales plāniem. Es atvadījos no viņa un turpināju ceļu. Es paņēmu arī dažas olas un sieru no piena produktu nodaļas.

Tirgū rosījās ļaužu pūļi, kuri visi vēlējās iegādāties svaigu produkciju un gaļu, kas tika piedāvāta. Gaisā bija jūtama ķiploku un sīpolu smarža, un gaisā skanēja smiekli un sarunas. Es virzījos cauri pūlim, izvēloties pārējās preces, kas man bija vajadzīgas iknedēļas iepirkumam. Es piepildīju savu **grozu ar** augļiem un dārzeņiem, makaroniem un maizi, pirms devos pie kases. Rinda bija gara, bet tā ātri virzījās uz priekšu. Beidzot bija nopirkti pēdējie **pārtikas produkti,** un bija laiks doties mājās. Automašīna bija piekrauta, un ceļš uz mājām bija garš un garlaicīgs. Satiksme bija intensīva, un karstums bija nomācošs. Beidzot mašīna iebrauca piebraucamajā ceļā, un atvieglojums bija jūtams. Mājā bija vēss un kluss, un pēc tirgus burzmas un burzmas tā bija kā patvērums. Viss tika novākts, un drīz vien mājā atkal valdīja ierastais miers un klusums. Man bija viss nepieciešamais, lai pagatavotu **garšīgus** ēdienus sev un savai ģimenei. Bija patīkami būt mājās.

ook een paar verschillende stukken vlees, en zorg ervoor dat ik grasgevoerd rundvlees en **scharrelkip koop**. De slager was een vriendelijke man, altijd vrolijk ondanks de lange uren die hij werkte. Hij pakte mijn kippenborst en biefstuk in voordat hij met me praatte over zijn weekendplannen. Ik nam afscheid van hem en vervolgde mijn weg. Ik heb ook nog wat eieren en kaas meegenomen uit de zuivelafdeling.

Het krioelde van de mensen op de markt, die allemaal stonden te popelen om de verse producten en het vlees dat werd aangeboden in **handen te** krijgen. De lucht hing vol met de geur van knoflook en uien, en het geluid van gelach en gesprekken vulde de lucht. Ik baande me een weg door de menigte en zocht de andere dingen uit die ik nodig had voor mijn wekelijkse boodschappen. Ik vulde mijn **mandje** met fruit en groenten, pasta en brood, voordat ik naar de kassa ging. De rij was lang, maar het ging snel. Eindelijk waren de laatste **boodschappen** gedaan, en was het tijd om naar huis te gaan. De auto werd volgeladen, en de rit naar huis was lang en moeizaam. Het verkeer was druk en de hitte was drukkend. Eindelijk reed de auto de oprit op en de opluchting was voelbaar. Het huis was koel en stil, en het was een oase na de drukte van de markt. Alles werd opgeborgen, en het huis was al snel weer in zijn gebruikelijke rust en stilte. Ik had alles wat ik nodig had om **heerlijke** maaltijden te maken voor mezelf en voor mijn gezin. Het was goed om thuis te zijn.

Izpratnes jautājumi

1. Kur persona dodas?

2. Ko persona vēlas iegādāties?

3. Cik daudz somu personai ir?

4. Cik tālu ir tirgus?

5. Ko šī persona dara tieši tagad?

6. Kas viss ir tirgū?

7. Cik daudz cilvēku ir tirgū?

8. Cik ilgā laikā persona visu nopirka?

9. Kā persona devās mājās?

10. Ko persona darīja, kad atgriezās mājās?

Begrip vragen

1. Waar gaat de persoon heen?

2. Wat wil de persoon kopen?

3. Hoeveel tassen heeft de persoon?

4. Hoe ver weg is de markt?

5. Wat doet de persoon op dit moment?

6. Wat is alles op de markt?

7. Hoeveel mensen zijn er op de markt?

8. Hoe lang heeft de persoon erover gedaan om alles te kopen?

9. Hoe is de persoon naar huis gegaan?

10. Wat deed de persoon toen hij of zij thuiskwam?

Kafejnīcā

Bija vēss **rudens** rīts, un es biju norunājusi tikšanos ar draudzeni Liliju mūsu iecienītajā kafejnīcā, lai iedzertu kafiju. Silti ietinoties mēteļos un šallē, es devos ceļā. No kokiem krita lapas, un gaiss bija iesnas, taču spīdēja saule, un diena solījās būt skaista. Ejot es **domāju par to**, cik labi, ka man ir tāda draudzene kā Lilija. Mēs bijām draudzenes jau gadiem ilgi, kopš iepazināmies **universitātē**. Mūs saistīja mīlestība uz kafiju un laika pavadīšana, tērējot laiku kafejnīcās. Lai gan tagad dzīvojām dažādās pilsētas daļās, mums joprojām izdevās reizi nedēļā tikties uz kafiju. Es ierados kafejnīcā, un Lilija jau tur mani gaidīja. Mēs apskāvāmies, sasveicinājāmies un pasūtījām kafiju. Mēs atradām galdiņu pie loga un iekārtojāmies, lai aprunātos. **Kafija** kā vienmēr bija garšīga, un bija tik patīkami satikt Liliju. Mēs runājām par savu nedēļu, darbu un nākotnes plāniem. Ar Liliju vienmēr bija tik viegli sarunāties, un es jutos tā, it kā es viņai varētu pastāstīt jebko. Pēc brīža mēs sākām izsalkt un **nolēmām** pasūtīt kādu ēdienu.

Mēs **pasūtījām** ēdienu un atradām vietu pie loga. Caur logu spīdēja saule, kas visu padarīja siltu un priecīgu. Ēdot ēdienu, mēs sarunājāmies, izbaudot vienkāršu prieku, ko sagādā atrašanās viens otra **sabiedrībā**.

In een café

Het was een kille **herfstochtend** en ik had met mijn vriendin Lily afgesproken in ons favoriete café voor een kopje koffie. Ik wikkelde me warm in mijn jas en sjaal en ging op weg. De bladeren vielen van de bomen en de lucht was een beetje fris, maar de zon scheen en het beloofde een mooie dag te worden. Terwijl ik liep, **dacht** ik aan hoe goed het was om een vriendin als Lily te hebben. We waren al jaren vriendinnen, sinds we elkaar op de **universiteit** ontmoetten. We kregen een band door onze voorliefde voor koffie en het kletsen in cafés. Ook al woonden we nu in verschillende delen van de stad, we kwamen nog steeds één keer per week samen om koffie te drinken. Ik kwam aan bij het café, en Lily zat daar al op me te wachten. We omhelsden elkaar en bestelden onze koffie. We vonden een tafeltje bij het raam en gingen zitten kletsen. De **koffie** was heerlijk, zoals altijd, en het was zo leuk om bij te praten met Lily. We spraken over onze week, onze banen, en onze plannen voor de toekomst. Het was altijd zo makkelijk om met Lily te praten, en ik had het gevoel dat ik haar alles kon vertellen. Na een tijdje begonnen we honger te krijgen en **besloten we** wat eten te bestellen.

We **bestelden** ons eten en zochten een plaatsje bij het raam. De zon scheen door het raam naar binnen,

Kafejnīca bija aizņemta, taču nelikās pārpildīta. Gaisā valdīja miera un apmierinātības sajūta. Kad ēdiens bija gatavs, mēs vēl kādu brīdi pasēdējām, vienkārši baudot mierīgo **atmosfēru**. Kādu brīdi mēs runājām par dažādām lietām, kas bija notikušas mūsu dzīvē. Bija tik patīkami satikt savu draugu un vienkārši **atpūsties**. Saule spīdēja pa logu, un šķita, ka **nekas nevar** sabojāt mūsu lielisko dienu.

Pēkšņi es izdzirdēju skaļu triecienu. Es pagriezos un ieraudzīju, ka kāds vīrietis bija izkritis caur griestiem un gulēja uz grīdas mūsu priekšā. Viņš bija **klāts ar** putekļiem un atlūzām un, šķiet, bija bezsamaņā. Es un mans draugs bijām šokā, skatoties uz vīrieti, kas gulēja uz grīdas. Mēs nezinājām, ko darīt un kam zvanīt pēc palīdzības. Mēs vienkārši sēdējām un skatījāmies uz viņu, nezinādami, ko darīt. Pēc dažām minūtēm es apstājos un piezvanīju policijai. Operatore man teica, ka drīz kāds ieradīsies. Es nokārtoju klausuli un pastāstīju savam draugam, ko teica **operators.** Mēs abi vienkārši sēdējām un gaidījām, kad ieradīsies palīdzība. Šķita, ka tā ir mūžība, bet beidzot **parādījās** ātrā palīdzība. Ātrās palīdzības mediķi steidzās iekšā un sāka strādāt ar vīrieti.

waardoor alles warm en gelukkig aanvoelde. We babbelden terwijl we ons eten aten, en genoten van het simpele plezier om in elkaars **gezelschap** te zijn. Het was druk in het café, maar het voelde niet druk aan. Er hing een gevoel van vrede en tevredenheid in de lucht. Toen we ons eten op hadden, bleven we nog een tijdje zitten, genietend van de vredige **sfeer**. We praatten een tijdje over verschillende dingen die in ons leven waren gebeurd. Het was zo fijn om bij te praten met mijn vriend en gewoon **te ontspannen**. De zon scheen door het raam, en het voelde alsof **niets** onze perfecte dag kon verpesten.

Plotseling hoorde ik een harde klap. Ik draaide me om en zag dat een man door het plafond was gevallen en voor ons op de grond lag. Hij was **bedekt** met stof en puin en leek bewusteloos te zijn. Mijn vriend en ik waren allebei in shock toen we naar de man staarden die op de grond lag. We wisten niet wat we moesten doen of wie we moesten bellen voor hulp. We zaten daar gewoon naar hem te staren, niet wetend wat te doen. Na een paar minuten kwam ik bij en belde 911. De telefoniste zei me dat er zo iemand zou komen. Ik hing de telefoon op en vertelde mijn vriend wat de **telefoniste** had gezegd. We zaten daar allebei te wachten tot er hulp kwam. Het leek wel een eeuwigheid, maar uiteindelijk **kwam** er een ambulance. De ambulancebroeders snelden naar binnen en begonnen met de man te werken.

Izpratnes jautājumi

1. No kurienes rodas cilvēks, kas izkrīt caur jumtu?

2. Kāpēc sieviete ar savu draugu atrodas kafejnīcā?

3. Kāda ir abu draugu iecienītākā kafejnīca?

4. Cik ilgi abi draugi viens otru pazīst?

5. Kāds ir abu draugu mīļākais dzēriens?

6. Kurā pilsētā dzīvo abi draugi?

7. Cik bieži abi draugi tiekas?

8. Par ko abi draugi sarunājas, kad pirmo reizi satiekas savā iecienītajā kafejnīcā?

9. Kāds ir abu draugu mīļākais ēdiens?

10. Kāpēc ir tik viegli runāt ar Liliju?

Begrip vragen

1. Waar komt de man vandaan die door het dak valt?

2. Waarom is de vrouw met haar vriendin in het café?

3. Wat is het favoriete café van de twee vrienden?

4. Hoe lang kennen de twee vrienden elkaar al?

5. Wat is het favoriete drankje van de twee vrienden?

6. In welke stad wonen de twee vrienden?

7. Hoe vaak ontmoeten de twee vrienden elkaar?

8. Waar hebben de twee vrienden het over als ze elkaar voor het eerst ontmoeten in hun favoriete café?

9. Wat is het lievelingseten van de twee vrienden?

10. Waarom is het zo makkelijk om met Lily te praten?

Peldēšana

Baseins vienmēr bija **atsvaidzinoša** vieta, un šodien nebija citādi. Saule spīdēja, un ūdens izskatījās pievilcīgs. Es dziļi ievilku elpu un ieniru, sajūtot vēso ūdens apskāvienu. Kādu brīdi peldēju apļus, izbaudot vingrinājumu un iespēju izvēdināt galvu. Pēc brīža izkāpu no ūdens un nosusinājos, tad apsēdos uz dvieļa, lai atpūstos saulē. Es aizvēru acis un ļāvos, lai mani pārņem **siltums,** sajutu, kā muskuļi sāk atslābināties. Pēkšņi izdzirdēju šļakatas un atvēru acis, lai ieraudzītu savu mazo māsu, kas **airēja** seklumā. Es pasmaidīju un kādu brīdi vēroju viņu, tad piecēlos un piegāju pie viņas. Mēs mazliet parunājāmies un airējām kopā, izbaudot viens otra kompāniju. Drīz mums pievienojās arī vecāki, un mēs pavadījām atlikušo pēcpusdienas daļu peldoties un spēlējot spēles kopā. Vienmēr bija tik patīkami pavadīt laiku kopā ar ģimeni baseinā. Šķiet, ka atrašanās ūdenī **kaut ko** vieno cilvēkus. Varbūt tas ir tāpēc, ka, atrodoties ūdenī, mēs visi esam vienlīdzīgi - mēs nevaram slēpt savas nepilnības vai izlikties par tādiem, kādi neesam. Vai varbūt tas ir vienkārši tāpēc, ka tas ir jautri! **Lai kāds būtu** iemesls, es vienkārši priecājos, ka mēs visi varējām sanākt kopā un izbaudīt viens otra sabiedrību tik īpašā vietā.

Saule spīdēja man uz ādas, un gaisā bija jūtama

Gaan zwemmen

Het zwembad was altijd een **verfrissende** plek om te zijn, en vandaag was dat niet anders. De zon scheen en het water zag er uitnodigend uit. Ik haalde diep adem en dook erin, de koele omhelzing van het water voelend. Ik zwom een tijdje baantjes, genoot van de beweging en de kans om mijn hoofd leeg te maken. Na een tijdje kwam ik eruit en droogde me af, waarna ik op een handdoek ging zitten om te relaxen in de zon. Ik sloot mijn ogen en liet de **warmte** over me heen spoelen, ik voelde mijn spieren ontspannen. Plotseling hoorde ik een plons en ik opende mijn ogen om mijn kleine zusje te zien **poedelen** in het ondiepe gedeelte. Ik glimlachte en keek een tijdje naar haar, stond toen op en liep naar haar toe. We kletsten wat en peddelden samen wat rond, genietend van elkaars gezelschap. Al snel kwamen onze ouders erbij, en we brachten de rest van de middag zwemmend en spelend door. Het was altijd zo leuk om tijd met de familie in het zwembad door te brengen. Er is **iets** met in het water zijn dat mensen samenbrengt. Misschien is het omdat we allemaal gelijk zijn als we in het water zijn - we kunnen onze gebreken niet verbergen of doen alsof we iets zijn wat we niet zijn. Of misschien is het gewoon omdat het leuk is! **Wat** de reden ook is, ik was gewoon blij dat we allemaal bij elkaar konden komen en van elkaars gezelschap

hlora smaka. Es dzirdēju, kā bērni smejas un šļakstās baseinā. Es gulēju uz **atpūtas** krēsla blakus baseinam, sauļojos un **baudīju** dienu. Es biju aizvērusi acis un jau grasījos aizmigt, kad sadzirdēju, ka kāds man tuvojas. Es atvēru acis un ieraudzīju sievieti, kas stāvēja man blakus. Viņa bija tērpusies bikini un ap vidukli aptinusi dvieli. Viņai bija gari gaiši mati un zilas acis. Rokā viņa turēja **sauļošanās krēma** pudelīti. “Vai neiebilstat, ja es uzziežu jums muguru ar sauļošanās krēmu?” viņa jautāja. “Nē, tas ir labi,” es atbildēju, apsēdos, lai viņa varētu aizsniegt manu muguru. Es jutu viņas rokas uz savas ādas, kad viņa uzklāja saules aizsargkrēmu.

Viņas pieskāriens bija maigs, un saules aizsargkrēma smarža nomierināja. Es atkal aizvēru acis un ļāvu sev atslābināties. Es dzirdēju, **kā** viņa kustas, bet neatvēru acis. Es biju apmierināts ar to, ka vienkārši gulēju saulē un klausījos, kā viļņi **dauzās** pret krastu. Pēc dažām minūtēm viņa aizgāja prom, un es atvēru acis. Es vēroju, kā viņa atgriezās pie sava atpūtas krēsla un paņēma grāmatu. Viņa iekārtojās krēslā un sāka lasīt. Es atkal aizvēru acis un ļāvu sev aizmigt.

konden genieten op zo'n speciale plek.

De zon scheen op mijn huid en de geur van chloor hing in de lucht. Ik kon de geluiden horen van lachende kinderen die in het zwembad spetterden. Ik lag op een ligstoel naast het zwembad, te genieten van de zon en **de** dag. Ik had mijn ogen gesloten en wilde net in slaap vallen toen ik iemand naar me toe hoorde lopen. Ik opende mijn ogen en zag een vrouw naast me staan. Ze droeg een bikini en had een handdoek om haar middel gewikkeld. Ze had lang blond haar en blauwe ogen. Ze hield een fles **zonnebrandcrème** in haar hand. "Vind je het erg als ik wat zonnebrandcrème op je rug smeer?" vroeg ze. "Nee, dat hoeft niet," zei ik, terwijl ik rechtop ging zitten zodat ze bij mijn rug kon. Ik voelde haar handen op mijn huid terwijl ze de zonnebrandcrème aanbracht.

Haar aanraking was zacht en de geur van de zonnebrandcrème was kalmerend. Ik sloot mijn ogen weer en liet me ontspannen. Ik kon het **geluid** van haar bewegingen horen, maar ik opende mijn ogen niet. Ik was tevreden met het feit dat ik daar in de zon lag, luisterend naar het geluid van de golven **die** tegen de kust sloegen. Na een paar minuten liep ze weg, en ik opende mijn ogen. Ik keek naar haar terwijl ze terugliep naar haar ligstoel en haar boek oppakte. Ze nestelde zich in haar stoel en begon te lezen. Ik sloot mijn ogen weer en liet me wegdrijven in slaap.

Izpratnes jautājumi

1. Kur stāstītājs atradās, kad viņš sāka stāstu?

2. Ko stāstītājs sajūt, kad viņš atver acis?

3. Ko stāstītājs dzird, kad viņš atver acis?

4. Kuru sauļošanās krēmu sieviete dod stāstītājai?

5. Par ko stāstītājs sapņo?

6. Kāpēc stāstniekam peldēšanās jūrā ir tik īpaša?

7.Kā jūtas ūdens, kurā peld stāstītājs?

8. Ko stāstītājs redz, kad izkāpj no ūdens?

9. Ko sieviete dara pēc tam, kad viņa uzklāj stāstniekam saules aizsargkrēmu?

10. Par ko stāstītājs un sieviete runā stāsta beigās?

Begrip vragen

1. Waar was de verteller toen hij het verhaal begon?

2. Wat ruikt de verteller als hij zijn ogen opent?

3. Wat hoort de verteller als hij zijn ogen opent?

4. Van wie is de zonnebrandcrème die de vrouw aan de verteller geeft?

5. Waar droomt de verteller over?

6. Waarom is zwemmen in de zee zo speciaal voor de verteller?

7. Hoe voelt het water aan waarin de verteller zwemt?

8. Wat ziet de verteller als hij uit het water komt?

9. Wat doet de vrouw nadat ze de verteller heeft ingesmeerd met zonnebrandcrème?

10. Waarover praten de verteller en de vrouw aan het eind van het verhaal?

Zāliena pļaušana

Vasaras **sestdienā ir** 10 rītā, un saule jau nežēlīgi spīd. Tu dodies uz garāžu pēc zāles pļāvēja un jūties kā **notiesāts uz** smagu darbu. Jūs sākat pļaut zālienu, pārliecinoties, ka pļaujat lēni un lēni, lai nepalaistu garām nevienu vietu. Pļaujot jūs domājat par to, cik labi ir atrasties svaigā gaisā. Sākot stumt pļāvēju uz priekšu un atpakaļ pāri zālienam, **acs kaktiņā** ieraugāt kaimiņu. Jūs pamājat ar roku un apsveicināties, un viņš pamāja jums pretī.

Pēc dažām minūtēm tu esi beidzis un dodies pie kaimiņa mājas, lai kopā ar viņu dārzā iedzertu alu. Diena ir **lieliska -** nav pārāk karsti, pūš viegls vējš. Jūs sēžat koka ēnā, malkojat alu un sarunājaties ar kaimiņu. Šādas dienas liek novērtēt vasaru. Tad jūs **dodaties** iekšā, lai iedzertu pelnīto alu. Jūs nosēžaties krēslā uz lieveņa un atverat bundžu, apmierināti nopūšoties. Pļaujmašīnas pļāvēja skaņa izzūd fonā, kamēr jūs atpūšaties ēnā, izbaudot mirkļa **mieru.** Alus garšo īpaši labi pēc smagā darba karstumā. Es jau grasījos doties iekšā, kad sadzirdēju troksni blakus durvīs.

Izklausījās, it kā kāds raudātu. Es pārtraucu pļaušanu un piegāju pie žoga, kas atdalīja mūsu pagalmus. Es

Het maaien van het gazon

Het is 10 uur 's ochtends op een zomerse **zaterdag**, en de zon schijnt al ongenadig. Je sjokt naar de garage om de grasmaaier te halen, met het gevoel dat je **veroordeeld bent** tot dwangarbeid. Je begint het gazon te maaien, en zorgt ervoor dat je het rustig aan doet, zodat je niets over het hoofd ziet. Terwijl je aan het maaien bent, denk je aan hoe goed het voelt om buiten in de frisse lucht te zijn. Terwijl u de maaier heen en weer over het gazon duwt, ziet u uw buurman vanuit uw **ooghoek**. Je zwaait en zegt hallo, en hij zwaait terug.

Na een paar minuten ben je klaar, en je gaat naar het huis van je buurman om met hem een biertje te drinken in de voortuin. Het is een **perfecte** dag - niet te warm, met een zacht briesje. Je zit daar in de schaduw van de boom, nipt van je biertje en kletst wat met je buurman. Het zijn dagen als deze die je de zomer doen waarderen. Dan **ga** je naar binnen voor een welverdiend biertje. Je ploft neer in een stoel op de veranda, trekt het blikje open en slaakt een tevreden zucht. Het geluid van de maaier verdwijnt naar de achtergrond terwijl je in de schaduw ontspant en geniet van de **rust** van het moment. Het bier smaakt extra goed na al dat harde werk in de hitte. Ik stond op het

ielūkojos un ieraudzīju savu kaimiņieni Džonsones kundzi, kura raudāja uz verandas šūpolēm. Es saucu uz viņu, bet viņa mani nedzirdēja. Es pārkāpu pāri žogam un piegāju pie viņas. “Džonsones kundze, vai ar jums viss kārtībā?” Es jautāju. Viņa paskatījās uz mani ar asarām acīs un pakratīja galvu. “Nē, es neesmu labi,” viņa teica. “Mans kaķis vakar nomira.” Es biju šokēta. Es nezināju, ko teikt. Es tikai neveikli stāvēju, nezinādama, ko darīt. Visbeidzot es uzliku roku viņai uz **pleca** un teicu: “Man ir ļoti žēl, Džonsones kundze. Ja es varu kaut kā palīdzēt, lūdzu, dodiet man zināt. “ Viņa pakratīja galvu un sacīja: “Nē, neviens **neko nevar** darīt.” Viņa atcirta galvu un atbildēja: “Ne, neviens **neko nevar** darīt.” Tad viņa piecēlās un iegāja savā mājā. Kādu brīdi stāvēju tur, nezinādama, ko darīt. Tad es atgriezos pie zāliena pļaušanas. Kad pabeidzu pļaušanu, es nevarēju nedomāt par Džonsones kundzi un viņas kaķi.

punt om naar binnen te gaan toen ik een geluid hoorde bij de buren.

Het **klonk** alsof iemand huilde. Ik stopte met maaien en liep naar het hek dat onze tuinen scheidde. Ik keek om en zag mijn buurvrouw, mevrouw Johnson, huilen op haar schommelbank. Ik riep naar haar, maar ze hoorde me niet. Ik klom over het hek en liep naar haar toe. “Mevrouw Johnson, is alles goed met u?” vroeg ik. Ze keek met tranen in haar ogen naar me op en schudde haar hoofd. “Nee, het gaat niet goed met me,” zei ze. “Mijn kat is gisteren gestorven.” Ik was geschokt. Ik wist niet wat ik moest zeggen. Ik stond daar maar wat ongemakkelijk, niet wetend wat ik moest doen. Uiteindelijk legde ik mijn hand op haar **schouder** en zei: “Het spijt me zo, mevrouw Johnson. Als er iets is wat ik kan doen om te helpen, laat het me alsjeblieft weten. “Ze schudde haar hoofd en zei: Nee, er is **niets** dat iemand kan doen. Toen stond ze op en ging haar huis binnen. Ik stond daar een ogenblik, niet wetend wat te doen. Toen ging ik verder met het maaien van mijn gazon. Toen ik klaar was, moest ik denken aan mevrouw Johnson en haar kat.

Izpratnes jautājumi

1. Kāds ir laiks?

2. Kur cilvēks pļauj?

3. Kā cilvēks jūtas?

4. Kāpēc cilvēkam ir jāpļauj lēni?

5. Kādi ir laikapstākļi?

6. Ko cilvēks dara pēc pļaušanas?

7. Ko cilvēks dzird pirms došanās mājās?

8. Kas ir kopā ar Džonsones kundzi?

9. Kāpēc Džonsones kundze raud?

10. ko šī persona saka Džonsones kundzei?

Begrip vragen

1. Hoe laat is het?

2. Waar is de persoon aan het maaien?

3. Hoe voelt de persoon zich?

4. Waarom moet de persoon langzaam maaien?

5. Wat voor weer is het?

6. Wat doet de persoon na het maaien?

7. Wat hoort de persoon voordat hij naar huis gaat?

8. Wie is er bij Mrs Johnson?

9. Waarom huilt Mrs Johnson?

10. Wat zegt de persoon tegen Mrs. Johnson?

Matu griešanas iegūšana

Es jau nedēļām ilgi biju gribējusi apgriezties, bet kaut kā vienmēr biju to atlikusi uz vēlāku laiku. Taču, kad **Ziemassvētki** bija pavisam tuvu, es zināju, ka vairs nevaru to atlikt. Es negribēju ierasties uz ģimenes Ziemassvētku vakariņām, izskatoties pēc neglīta. Tāpēc Ziemassvētku rītā agri no rīta es devos uz salonu. Lai gan bija agri, salons jau bija aizņemts ar citiem cilvēkiem, kas **gatavojās svētku** frizūrai. Es ieņēmu vietu rindā un gaidīju savu kārtu. Beidzot pienāca mana kārta. Stiliste, draudzīga sieviete vārdā Džila, man jautāja, ko es vēlos. "Tikai apgriezt, neko pārāk drastisku," es atbildēju. Džila ķērās pie darba, nogriežot man matus. Viņai strādājot, es sāku atslābināties. Bija laba sajūta, ka beidzot rūpējos par sevi. Pēdējā laikā biju tik aizņemta, rūpējoties par citiem, ka savas vajadzības biju atstājusi novārtā. Bet **tagad** tā vairs nav. No šī brīža es grasījos veltīt laiku sev.

Kad Džila bija gatava, es paskatījos spogulī un biju apmierināta ar to, ko redzēju. Mani mati izskatījās sakopti un noslīpēti - ideāli piemēroti svētku pasākumiem. Es **pateicos** Džillai un **pierakstīju, lai** biežāk iegriežas pie manis. Turpmāk es rūpēšos vispirms par sevi. Viņa ķērās pie darba un nogrieza

Naar de kapper

Ik wilde al weken naar de kapper, maar op de een of andere manier kon ik het steeds uitstellen. Maar met **Kerstmis voor de deur**, wist ik dat ik het niet langer kon uitstellen. Ik wilde niet op het kerstdiner van mijn familie verschijnen als een smerige puinhoop. Dus, vroeg op kerstochtend, ging ik naar de salon. Hoewel het nog vroeg was, was de salon al druk bezig met andere mensen **die** hun haar lieten doen voor de feestdagen. Ik nam plaats in de rij en wachtte op mijn beurt. Eindelijk was het mijn beurt in de stoel. De styliste, een vriendelijke vrouw die Jill heette, vroeg me wat ik wilde. “Gewoon een knipbeurt, niets te drastisch,” antwoordde ik. Jill ging aan de slag en knipte mijn haar weg. Terwijl ze werkte, begon ik te ontspannen. Het voelde goed om eindelijk voor mezelf te zorgen. Ik had het de laatste tijd zo druk gehad met voor iedereen te zorgen, dat ik mijn eigen behoeften aan de kant had laten liggen. Maar **nu** niet **meer**. Van nu af aan, zou ik tijd voor mezelf maken.

Toen Jill klaar was, keek ik in de spiegel en was blij met wat ik zag. Mijn haar zag er netjes en gepolijst uit-perfect voor vakantie bijeenkomsten. Ik **bedankte** Jill en maakte een notitie om vaker terug te komen.

man matus. Es domāju par to, cik ļoti esmu pateicīga, ka beidzot esmu ķērusies pie frizūras. Bija labi zināt, ka uz Ziemassvētku **vakariņām** izskatīšos reprezentatīvi. Man vairs nebūs jāuztraucas par to, ka ģimene mani ņirgās par manu "nekārtīgo" izskatu. Pēc dažām minūtēm stiliste pabeidza manus matus un ātri izžāvēja. Es paskatījos spogulī un biju apmierināta ar to, ko redzēju - tīri sakoptu izskatu, kas būtu ideāli piemērots Ziemassvētku vakariņām. Tagad, kad frizūra bija galā, es varēju pievērsties svētku baudīšanai kopā ar ģimeni. Un par to es biju vēl pateicīgāka.

Tas bija tik **atbrīvojoša** sajūta, un man patika, kā izskatījās mana jaunā frizūra. Kad samaksāju par frizūru, es devos mājās un sāku gatavoties ceļojumam. Es **nevarēju vien** sagaidīt, kad parādīšu savu jauno izskatu ģimenei un draugiem. Es zināju, ka viņi būs pārsteigti, kad mani ieraudzīs. Lidojuma dienā es ierados lidostā ar pietiekami daudz laika rezervē. Es bez problēmām izgāju cauri drošības kontrolei, un drīz es jau biju ceļā. Tiklīdz es ierados galamērķī, es sajutu gaisā valdošo satraukumu. Ziemassvētki noteikti bija gaisā! Lidostā mani sagaidīja ģimene, un viņi visi bija pārsteigti par manu jauno frizūru.

Van nu af aan zal ik in de eerste plaats voor mezelf zorgen. Ze begon aan mijn haar te knippen. Ik dacht eraan hoe dankbaar ik was dat ik er eindelijk aan toe was gekomen om mijn haar te laten knippen. Het voelde goed om te weten dat ik er toonbaar uit zou zien voor **het kerstdiner**. Ik hoefde me geen zorgen meer te maken dat mijn familie me zou plagen over mijn "smerige" uiterlijk. Na een paar minuten was de styliste klaar met het knippen van mijn haar en föhnde ze me snel. Ik keek in de spiegel en was blij met wat ik zag: een strak geknipt kapsel dat perfect zou zijn voor het kerstdiner. Nu mijn kapsel achter de rug was, kon ik me concentreren op de feestdagen met mijn gezin. En daar was ik nog dankbaarder voor.

Het voelde zo **bevrijdend**, en ik hield van de manier waarop mijn nieuwe kapsel eruit zag. Nadat ik voor mijn kapsel had betaald, ging ik naar huis en begon ik in te pakken voor mijn reis. Ik **kon niet** wachten om mijn nieuwe look aan mijn familie en vrienden te tonen. Ik wist dat ze verrast zouden zijn als ze me zouden zien. Op de dag van mijn vlucht kwam ik ruim op tijd aan op de luchthaven. Ik ging zonder problemen door de beveiliging en al snel was ik op weg. Zodra ik op mijn bestemming aankwam, kon ik de opwinding in de lucht voelen. Kerstmis hing zeker in de lucht! Mijn familie was er om me op de luchthaven te begroeten, en ze waren allemaal verbaasd over mijn nieuwe kapsel.

Izpratnes jautājumi

1. Kas galvenajam varonim bija jādara pirms Ziemassvētkiem?

2. Kā galvenā varone jutās, rūpējoties par sevi?

3. Kas apgrieza galvenā varoņa matus?

4. Kāpēc galvenās varones ģimene grasījās viņu ņirgāties?

5. Kā jutās galvenā varone pēc frizūras iegūšanas?

6. Ko darīja galvenā varone pēc frizūras iegūšanas?

7. Kāda bija galvenās varones ģimenes reakcija uz viņas frizūru?

8. Ko varonis darīja Ziemassvētku vakarā?

9. Kas padarīja galvenā varoņa pieredzi īpašāku?

10. Kas notiktu, ja galvenais varonis netiktu apgriezts?

Begrip vragen

1. Wat moest de hoofdpersoon doen voor Kerstmis?

2. Hoe vond de hoofdpersoon het om voor zichzelf te zorgen?

3. Wie heeft het haar van de hoofdpersoon geknipt?

4. Waarom ging de familie van de hoofdpersoon haar plagen?

5. Hoe voelde de hoofdpersoon zich nadat ze naar de kapper was geweest?

6. Wat heeft de hoofdpersoon gedaan nadat ze naar de kapper is geweest?

7. Wat was de reactie van de familie van de hoofdpersoon op haar kapsel?

8. Wat deed de hoofdpersoon op kerstavond?

9. Wat maakte de ervaring van de hoofdpersoon specialer?

10. Wat zou er gebeuren als de hoofdpersoon niet naar de kapper zou gaan?

Parks

Saule jau rietēja, un parks bija tukšs. Es sēdēju uz soliņa un gaidīju savu **draugu**. Mēs bijām plānojušas šeit satikties jau pirms stundas, bet viņa vienmēr kavēja. Tikko, kad es jau grasījos padoties un doties mājās, ieraudzīju, ka viņa skrien man pretī. “Man ir tik žēl,” viņa nopūtās, kad nonāca līdz soliņam. “Mans vilciens **kavējās.**” “Viss ir kārtībā,” es **samiernieciski** atteicu. “Es pati tikko ierados.” Mēs apsēdāmies un kādu laiku tērzējām, pārrunājot viens otra dzīvi kopš pēdējās tikšanās reizes. Saruna ritēja **viegli,** un šķita, ka kopš pēdējās tikšanās nemaz nav pagājis tik ilgs laiks. Kad saule uzspīdēja, mēs atvadījāmies un devāmies katrs savu ceļu. Nākamreiz mēs tikāmies citā parkā. Arī šoreiz viņa kavējās, bet man tas netraucēja. Bija patīkami, ka bija kāds, ar ko parunāt, kurš mani **saprata.** Mēs runājām par saviem sapņiem un **vēlmēm,** par lietām, ko vēlamies darīt savā dzīvē. Viņa man pastāstīja par saviem plāniem apceļot pasauli, un es pastāstīju par savu sapni kļūt par rakstnieci. Kad saule uzspīdēja vēl vienu dienu, mēs vēlreiz atvadījāmies, apsolot, ka šoreiz turpināsim sazināties.

Gadi pagāja, un mūsu **draudzība** saglabājās stipra, lai gan tagad mēs dzīvojām dažādās valsts daļās. Mēs uzturējām saikni, sūtot vēstules un laiku pa

Het park

De zon ging onder, en het park was leeg. Ik zat op het bankje te wachten op mijn **vriendin**. We hadden hier al een uur geleden afgesproken, maar ze was altijd te laat. Net toen ik het wilde opgeven en naar huis wilde gaan, zag ik haar naar me toe rennen. “Het spijt me zo,” hijgde ze toen ze de bank bereikte. “Mijn trein **had vertraging**.” “Het is goed,” zei ik **vergevingsgezind**. “Ik ben hier net zelf.” We gingen zitten en praatten een poosje, praatten bij over elkaars leven sinds we elkaar voor het laatst zagen. Het gesprek verliep **vlot**, en het leek alsof er helemaal geen tijd was verstreken sinds we elkaar voor het laatst hadden gezien. Toen de zon onderging, namen we afscheid en gingen onze eigen weg. De volgende keer dat we elkaar zagen, was in een ander park. Weer was ze te laat, maar dat vond ik niet erg. Het was fijn om iemand te hebben om mee te praten die me **begreep**. We spraken over onze dromen en **aspiraties**, dingen die we wilden doen met ons leven. Zij vertelde me over haar plannen om de wereld rond te reizen, en ik deelde mijn droom om schrijfster te worden. Toen de zon weer onderging, namen we afscheid van elkaar en beloofden we elkaar dit keer te blijven zien.

Jaren gingen voorbij, en onze **vriendschap** bleef sterk,

laikam zvanot pa tālruni, dalījāmies ar jaunumiem par savu dzīvi. Kad viņa paziņoja, ka precēsies, es nebiju **pārsteigta -** viņa vienmēr bija **piedzīvojumu meklētāja**. Bet, kad viņa man jautāja, vai es būtu viņas līgavaine kāzu ceremonijā, kas notika puspasaules attālumā no manas dzīvesvietas... tas prasīja pārliecināšanu! Tomēr galu galā es nevarēju pieļaut, ka mana labākā draudzene apprecētos bez manis līdzās, tāpēc, neraugoties uz manām bailēm (un pēc ilgām viņas lūgšanām!), es **piekritu** doties līdzi uz to, kas izvērtās par mūža **piedzīvojumu.**

Beidzot pienāca **kāzu** diena. Es biju satraukusies, bet sajūsmā, ka piedalīšos tik svarīgā mirklī sava drauga dzīvē. Ceremonija bija skaista, un viņa izskatījās laimīga, kad teica savus solījumus. **Pēc tam** mēs svinējām ar lielu ballīti - šķita, ka visi viņas paziņas bija ieradušies svinēt kopā ar viņu! Tā bija **maģiska** diena, kuru nekad neaizmirsīšu, un mūsu draudzība pēc šī piedzīvojuma tikai nostiprinājās. Tagad, pēc vairākiem gadiem, mēs joprojām sazināmies. Mēs abi esam ļoti **mainījušies** kopš pirmās tikšanās reizes, bet mūsu draudzība ir tikpat stipra kā jebkad.

ook al woonden we nu in verschillende delen van het land. We hielden contact door middel van brieven en af en toe telefoontjes, waarbij we nieuws over ons leven met elkaar deelden. Toen ze aankondigde dat ze ging trouwen, was ik niet **verbaasd** - ze was altijd al een **avontuurlijk** type geweest. Maar toen ze me vroeg of ik haar bruidsmeisje wilde zijn op haar huwelijksceremonie, dat halverwege de wereld zou plaatsvinden, van waar ik woonde... daar was wel wat overtuigingskracht voor nodig! Maar uiteindelijk kon ik mijn beste vriendin niet laten trouwen zonder mij aan haar zijde, dus ondanks mijn angsten (en na veel smeken van haar!) **stemde** ik ermee in om mee te gaan op wat het **avontuur** van mijn leven bleek te zijn.

De dag van de **bruiloft was** eindelijk aangebroken. Ik was nerveus, maar opgewonden om deel uit te maken van zo'n belangrijk moment in het leven van mijn vriendin. De ceremonie was prachtig, en ze zag er gelukkig uit toen ze haar geloften aflegde. **Daarna** vierden we het met een groot feest - het leek wel of iedereen die ze kende was gekomen om het met haar te vieren! Het was een **magische** dag die ik nooit zal vergeten, en onze vriendschap is na dat avontuur alleen maar sterker geworden. Nu, jaren later, houden we nog steeds contact. We zijn allebei veel **veranderd** sinds we elkaar voor het eerst ontmoetten, maar onze vriendschap is nog even sterk als altijd.

Izpratnes jautājumi

1. Kur autore un viņas draudzene pirmo reizi satikās?

2. Kāpēc autora draugs nokavējās uz tikšanos?

3. Par ko draugi runāja, kad pēc gadiem atkal satikās?

4. Kā autore jutās, apmeklējot draudzenes kāzu ceremoniju?

5. Aprakstiet kāzu ceremonijas norises vietu.

6. Kā laika gaitā ir mainījusies abu sieviešu draudzība?

7. Kāds ir autora sapnis?

8. Kur plāno ceļot autora draugs?

9. Kāpēc autore vilcinājās apmeklēt draudzenes kāzu ceremoniju?

Begrip vragen

1. Waar hebben de auteur en haar vriendin elkaar voor het eerst ontmoet?

2. Waarom was de vriend van de auteur te laat op hun afspraak?

3. Waar hadden de vrienden het over toen ze elkaar jaren later weer ontmoetten?

4. Hoe vond de schrijfster het om de huwelijksceremonie van haar vriendin bij te wonen?

5. Beschrijf de omgeving van de huwelijksceremonie.

6. Hoe is de vriendschap tussen de twee vrouwen in de loop der tijd veranderd?

7. Wat is de droom van de auteur?

8. Waar is de vriend van de schrijver van plan heen te reizen?

9. Waarom aarzelde de schrijfster om de huwelijksceremonie van haar vriendin bij te wonen?

www.ingramcontent.com/pod-product-compliance
Lightning Source LLC
LaVergne TN
LVHW010601160826
845677LV00013B/3211
9798848004397